Le chocolat dans tous ses états

Le chocolat dans tous ses états

101 recettes pour succomber

Éditions **marie claire**

Sommaire

LES GRANDS CLASSIQUES DU CHOCOLAT ____ 7
Les recettes de base ____ 16
Les grands classiques à partager ! ____ 22
Les individuels ____ 58

À CHAQUE RECETTE, SA TABLETTE ____ 103
Crèmes, mousses et verrines ____ 112
Tartes, crumbles et clafoutis ____ 124
Gâteaux gourmands ____ 134
Desserts des grands jours ____ 146
Cakes et cie ____ 162
Douceurs et friandises ____ 174
Chocolat côté cuisine ____ 186
Index ____ 190

Les grands classiques du chocolat

Le bon chocolat …
tout un art !

Des fèves à la tablette, on récapitule !

Le chocolat est le produit sucré issu de la transformation des graines de cacao, les fruits du cacaoyer.

Ce long processus débute dans les pays producteurs : les graines sont extraites des cabosses, avant d'être fermentées puis séchées sur place. Elles deviennent à ce stade des fèves, prêtes à être expédiées vers les pays des consommateurs pour y être transformées en chocolat.

Commence alors le travail du maître-chocolatier : les fèves de cacao sont torréfiées puis broyées jusqu'à obtenir un liquide épais, la pâte de cacao. Une partie de cette dernière est ensuite pressée pour séparer la matière solide de la matière grasse : le beurre de cacao.

La partie solide est isolée pour servir à la fabrication du cacao en poudre.

Tous les ingrédients sont désormais prêts : suivant ses recettes, chaque maître-chocolatier additionne la pâte de cacao de quantités variables de beurre de cacao et de sucre, éventuellement d'autres ingrédients comme de la poudre de lait ou de la vanille. Ce mélange est finement broyé et malaxé pour se transformer lentement en un liquide parfaitement lisse et onctueux.

Il ne reste plus qu'à procéder à la cristallisation, étape ultime avant d'obtenir ce produit unique qu'on aime tant : une tablette de chocolat bien brillante, croquante et fondante à la fois.

Le choix d'un chocolat

Un chocolat noir de qualité présente une surface lisse et brillante. Sa casse est nette, sans bulles. Il dévoile alors un agréable parfum de cacao (et non de sucre !), développant sur la langue des saveurs longues et intenses. Un bon chocolat au lait offre quant à lui un équilibre parfait entre le goût puissant du cacao et la fraîcheur des arômes lactés : fuyez les notes rances !

Pour le reste, une seule chose à retenir : saisissez toutes les occasions pour vous faire le palais. Choisissez des chocolats noirs, des chocolats au lait, issus d'origines et d'artisans différents… Goûtez, comparez. Organisez, pourquoi pas, des dégustations à l'aveugle en petits comités, en faisant appel à votre odorat, au toucher, à votre œil, à vos papilles bien sûr, puis partagez vos impressions. Fiez-vous à vos cinq sens, et choisissez les chocolats qui vous séduisent le plus.

**LE MEILLEUR CHOCOLAT ?
CELUI QU'ON PRÉFÈRE !**

L'origine

À l'instar du vin, le chocolat est fortement marqué par son terroir. Selon vos goûts ou les besoins d'une recette, l'origine d'un chocolat pourra ainsi servir de première indication sur les arômes qu'il délivrera.

Le cacao d'Amérique Latine est particulièrement réputé et apprécié pour sa finesse et sa longueur en bouche. Produits rares, parfois d'exception, ses crus offrent des notes souvent rondes et délicates de fruits secs torréfiés, de miel, de caramel, parfois florales.

Les chocolats fabriqués à partir de fèves africaines sont souvent puissants, avec une amertume soutenue, des arômes chauds et robustes, parfois fumés, évoquant le bois, le tabac ou les épices.

Le cacao de Madagascar est particulièrement apprécié, grâce à ses notes florales et de fruits rouges, finement acidulées.

Le cacao cultivé en Asie donne typiquement des chocolats aux notes souvent fraîches, avec davantage d'acidité.

La question du pourcentage

Le chocolat est donc le fruit du mariage équilibré entre du cacao, du sucre et d'éventuels ingrédients supplémentaires influant sur les saveurs et la consistance finales. Chaque fabricant met au point ses propres recettes, ajustant notamment les proportions de sucre, de pâte et de beurre de cacao pour parvenir au goût et au croquant souhaités.

La législation impose toutefois certaines règles strictes en terme de composition. Ainsi, seuls les produits contenant au moins 35 % de matière sèche totale de cacao (à savoir la pâte de cacao et le beurre de cacao) ont le droit d'être commercialisés sous la dénomination de chocolat. Le maître-chocolatier a d'ailleurs pour obligation de faire figurer cette teneur en cacao sur ses produits : c'est le pourcentage affiché sur les emballages.

Les produits contenant moins de 35 % de cacao sont quant à eux considérés comme des confiseries chocolatées, et devront être vendus comme telles.

Au risque peut-être de mettre à mal quelques certitudes, ce pourcentage ne peut néanmoins suffire pour juger de la qualité d'un chocolat. Notamment parce qu'il ne fournit pas de précisions sur la proportion exacte en pâte de cacao, dans laquelle se concentrent tous les arômes caractéristiques du chocolat. C'est pourquoi deux chocolats à 75 % ne contenant pas les mêmes proportions de pâte et de beurre de cacao pourront étonner par des saveurs et des textures bien différentes.

Finalement, un chocolat à 60 % de cacao fabriqué dans les règles de l'art, à partir de fèves d'exception, se révélera sans nul doute bien meilleur qu'un chocolat à 75 % produit avec moins d'exigence.

Sans oublier d'autres facteurs tout aussi essentiels : la qualité de base des fèves, les conditions des premières transformations qu'elles subissent dans les pays producteurs et, bien entendu, le savoir-faire du maître-chocolatier.

Les pâtissiers précisent fréquemment dans leurs recettes le pourcentage de cacao du chocolat à utiliser. Autant que possible, respectez-le : vous conserverez ainsi la teneur en sucre prévue pour la recette. En effet, au-delà du critère gustatif et de sa qualité, un chocolat à 75 % renfermera nécessairement moins de sucre qu'un chocolat à 60 %. Et de ce juste équilibre pourra dépendre la réussite de certaines préparations, comme une ganache ou une crème au beurre.

Pour un chocolat destiné à enrober (un praliné, une pâte de fruit, un caramel...), et donc à être tempéré, c'est surtout au pourcentage de beurre de cacao qu'il convient d'être attentif.

Choisissez dans ce cas un chocolat dit « de couverture » : plus riche en beurre de cacao, il permet d'obtenir un résultat final bien brillant et cassant.

100 % sinon rien
Au grand dam des chocolatiers, la législation autorise désormais l'ajout d'un faible pourcentage (5 % maximum)

de matières grasses végétales autres que celle issue de la fève de cacao.

Bien moins chères, elles permettent de réduire sensiblement les coûts de production. Une économie qui se fait malheureusement au détriment du goût et du consommateur, car rien n'égalera jamais un chocolat 100 % beurre de cacao.

Vérifiez sur l'emballage que c'est effectivement le cas : le fabricant est tenu d'y indiquer l'ajout de toute autre matière grasse végétale.

Le cacao en poudre

Lorsque la pâte de cacao est pressée pour extraire le beurre, la partie solide est récupérée puis transformée en poudre : on obtient alors notre fameux cacao en poudre. Il contient encore une certaine quantité de matière grasse, à hauteur de 20 % minimum. Autrement, il est dit « maigre » ou « dégraissé ».

En pâtisserie, le cacao en poudre est essentiellement utilisé pour donner aux pâtes et aux préparations la couleur et les arômes typiques du cacao, sans modifier l'équilibre des recettes. Pour assurer un goût intense de chocolat à vos desserts, privilégiez toujours un cacao en poudre non sucré.

La conservation du chocolat

Une fois que vous avez choisi votre chocolat, prenez-en grand soin ! Si puissant soit-il, il n'en reste pas moins un produit fragile. Conservé dans de mauvaises conditions, il risquerait de perdre une grande partie de ses qualités gustatives.

Le chocolat craint la chaleur, mais aussi les variations brutales de température, le froid et l'humidité. À moins de vivre dans une région très chaude, épargnez-lui le réfrigérateur ! Dans l'idéal, le chocolat devra être conservé dans un endroit sec et frais, entre 15 °C et 18 °C. Comme il a tendance à absorber les odeurs environnantes, pensez également à le replacer systématiquement dans son emballage d'origine ou, à défaut, dans un récipient inodore et hermétiquement fermé.

Et gardez en tête que comme bon nombre de produits, plus il est frais, meilleur il est ! Consommez donc vos chocolats sans trop tarder. Mais est-il foncièrement nécessaire de le préciser ?

Mariages sucrés

Selon les recettes et le chocolat choisi (noir ou au lait, plus ou moins sucré, acidulé ou amer), associez-le à des produits aux notes grillées et torréfiées comme les fruits secs ou le café, ou bien à des fruits aux notes acidulées comme la framboise ou les agrumes. Infusées ou ajoutées avec parcimonie dans vos recettes préférées, certaines épices, herbes et même fleurs pourront également séduire et étonner vos papilles, voire exhausser les arômes du chocolat (voir page suivante). Inspirez-vous des produits de saison, de la découverte de nouvelles épices, de la lecture de recettes de chefs… Et osez vous laisser surprendre !

Le tempérage

Le tempérage (ou cristallisation) est une étape indispensable pour obtenir un chocolat de qualité, à même de satisfaire tous les sens : des arômes agréables et équilibrés, un croquant net et franc, un toucher bien lisse, un aspect brillant.

Les artisans pâtissiers et chocolatiers possèdent généralement des machines permettant de réguler le cycle de température et de disposer ainsi en continu d'un chocolat fluide et tempéré.

Il existe néanmoins différentes techniques permettant d'obtenir sans machine un rendu bien brillant. Parmi elles, la plus rapide et la plus simple chez soi reste certainement celle dite de l'ensemencement : du chocolat haché est ajouté dans du chocolat liquide et chaud. En fondant petit à petit dans ce dernier, il le fait lentement refroidir, jusqu'à obtenir un chocolat parfaitement lisse, fluide et à la bonne température pour l'enrobage : entre 30 et 32 °C pour un chocolat noir, entre 29 et 30 °C pour un chocolat blanc ou au lait.

Pour 300 g de chocolat noir de couverture :
Hachez grossièrement 300 g de chocolat. Placez-en 200 g dans un cul-de-poule et faites fondre doucement sur un bain-marie. Mélangez délicatement jusqu'à ce que le chocolat soit parfaitement fondu et lisse. Vérifiez sa température : elle ne doit pas excéder 45 °C. S'il est trop chaud, réservez-le quelques minutes hors du bain-marie pour le faire tiédir.

Retirez le cul-de-poule du bain-marie et ajoutez en une fois le reste du chocolat haché. À l'aide d'une maryse, mélangez délicatement jusqu'à ce que le chocolat

chaud fasse fondre le chocolat haché, et que vous obteniez ainsi un chocolat fondu bien lisse et onctueux. Cette étape peut prendre quelques minutes.
Au besoin, réchauffez très légèrement le cul-de-poule sur le bain-marie : jamais trop longtemps, pour ne pas risquer de trop élever la température du chocolat.

Lorsque le chocolat est parfaitement lisse et fondu, vérifiez sa température : elle devra alors être située entre 30 et 31 °C. Si elle est inférieure, faites très légèrement réchauffer le cul-de-poule sur le bain-marie.

Votre chocolat est prêt, vous pouvez y tremper des carrés de gianduja (voir la recette de rochers p. 94), des zestes d'orange confits, des nougats, des guimauves, des pâtes de fruits...

Au cours de l'enrobage, contrôlez régulièrement la température : maintenez-la toujours entre 30 et 31 °C en plaçant de temps en temps le cul-de-poule sur le bain-marie.

C'est à vous !

Les accords qui ont fait leur preuve

CÔTÉ FRUITS

Abricot, agrumes, banane, cassis, cranberries, figue, fraise, framboise, griotte, lychee, mangue, noix de coco, poire...

CÔTÉ FRUITS SECS

Amande, cacahuète, noisette, noix, noix de macadamia, noix de pécan, pistache, sésame...

CÔTÉ ÉPICES

Badiane, cannelle, cardamome, clou de girofle, coriandre, fève tonka, fleur de sel, muscade, poivres, vanille...

CÔTÉ HERBES ET FLEURS

Anis, basilic, lavande, menthe, safran, violette...

CÔTÉ ALCOOLS

Armagnac, cognac, rhum...

MAIS AUSSI...

Café, caramel, châtaigne, gingembre, miel, sirop d'érable...

La ganache

250 g de chocolat noir • 20 cl de crème liquide • 60 g de beurre mou • 50 g de miel • 2 g de fleur de sel

Hachez grossièrement le chocolat et placez-le dans un cul-de-poule.
Dans une casserole, portez à ébullition la crème liquide avec le miel et la fleur de sel.

Versez-la en trois fois sur le chocolat : à chaque fois, mélangez délicatement en partant du centre. Dès l'obtention d'une ganache lisse et onctueuse, laissez-la légèrement tiédir, puis incorporez le beurre mou coupé en morceaux.

La crème pâtissière

50 cl de lait • 180 g de chocolat noir • 1 œuf • 2 jaunes d'œufs • 75 g de sucre semoule • 45 g de poudre à crème (à défaut, de la Maïzena) • 20 g de beurre • 15 g de cacao en poudre non sucré • 1 gousse de vanille • Fleur de sel

Hachez grossièrement le chocolat et placez-le dans un cul-de-poule. Ajoutez le cacao en poudre et une pincée de fleur de sel. Incisez la gousse de vanille sur sa longueur et prélevez ses graines. Dans une casserole, faites chauffer le lait avec les graines de vanille. Dans un cul-de-poule, fouettez l'œuf, les jaunes d'œufs et le sucre.

Ajoutez la poudre à crème et fouettez bien. Versez un peu de lait chaud sur ce mélange, fouettez pour bien le délayer, puis reversez le tout dans la casserole. Portez lentement à ébullition, sans cesser de remuer, pour faire épaissir.

Lorsque vous obtenez une crème pâtissière bien onctueuse, versez-la sur le chocolat haché et le cacao en poudre. Mélangez bien jusqu'à l'obtention d'une crème homogène.

Laissez légèrement tiédir, puis ajoutez le beurre coupé en dés. Mélangez bien, puis couvrez de film alimentaire (au contact de la crème) et réservez au frais.

La crème au beurre

200 g de beurre mou • 230 g de sucre • 150 g de chocolat noir • 2 œufs

Dans un bol, faites fondre le chocolat noir sur un bain-marie. Laissez-le refroidir à température ambiante. Dans une casserole, mélangez 180 g de sucre avec 6 cl d'eau. Faites cuire le tout jusqu'à atteindre la température de 120 °C.

Pendant ce temps, fouettez les œufs avec 50 g de sucre dans le bol d'un robot. Lorsque le sirop a atteint 120 °C, versez-le en filet sur les œufs, sans cesser de fouetter.

Continuez à fouetter jusqu'à ce que la préparation soit juste tiède.

Sans cesser de fouetter, ajoutez ensuite petit à petit le beurre coupé en petits morceaux. Dès l'obtention d'une crème épaisse et bien homogène, arrêtez de fouetter. À l'aide d'une spatule, incorporez le chocolat fondu.

La crème d'amande

150 g de poudre d'amandes • 150 g de sucre glace • 15 cl de crème liquide • 15 g de Maïzena • 2 œufs • 2 cuil. à soupe de cacao en poudre non sucré

Dans un cul-de-poule ou le bol d'un batteur, mélangez les œufs avec le sucre glace. Incorporez la poudre d'amandes, la Maïzena et le cacao en poudre. Pour finir, incorporez la crème liquide et mélangez bien jusqu'à l'obtention d'une préparation lisse et homogène. La crème d'amande est prête pour être cuite sur un fond de tarte, dans un chausson…

POUR RÉALISER UNE FRANGIPANE AU CHOCOLAT, additionnez-la de crème pâtissière (voir recette p. 16) : pesez votre crème d'amande et incorporez la moitié de ce poids en crème pâtissière froide.

Les meringues

240 g de sucre semoule • 4 blancs d'œufs • 15 g de cacao en poudre non sucré

Dans un cul-de-poule ou le bol d'un batteur, fouettez à vitesse moyenne les blancs d'œufs avec 160 g de sucre. Lorsque vous obtenez une neige aérée, ajoutez 40 g de sucre, sans cesser de fouetter. Ajoutez enfin les 40 g de sucre restants et « serrez » les blancs en neige à vitesse rapide.

À l'aide d'une spatule, incorporez délicatement le cacao en poudre. À l'aide d'une poche munie d'une douille, dressez votre meringue sur une plaque tapissée de papier cuisson, selon la forme souhaitée (en bâtonnets, en disques…). Enfournez pour 1 h à 120 °C, puis laissez refroidir dans le four éteint, porte ouverte.

La pâte à choux

115 g de farine • 90 g de beurre • 3 gros œufs • 10 cl de lait • 40 g de sucre semoule • 10 g de cacao en poudre non sucré • Sel

Dans une grande casserole, portez à ébullition le lait avec 10 cl d'eau, le beurre coupé en morceaux, le sucre et une pincée de sel. Retirez la casserole du feu et ajoutez en une seule fois la farine mélangée avec le cacao en poudre. Mélangez bien à l'aide d'une spatule en bois jusqu'à l'obtention d'une pâte homogène.

Replacez la casserole sur feu doux et faites sécher la pâte sans cesser de mélanger.

Lorsqu'elle se détache bien des parois, versez la pâte dans un cul-de-poule ou le bol d'un batteur. Incorporez les œufs un par un, en mélangeant bien entre chacun, jusqu'à l'obtention d'une pâte lisse et relativement dense.

La pâte sucrée

140 g de farine • 100 g de beurre à température ambiante • 60 g de sucre glace • 2 jaunes d'œufs • 50 g de poudre d'amandes • 20 g de cacao en poudre non sucré • 2 g de levure chimique • Sel

Dans un cul-de-poule ou le bol d'un batteur, mélangez le beurre coupé en morceaux avec le sucre glace. Ajoutez les jaunes d'œufs, mélangez bien. Incorporez la farine mélangée avec la poudre d'amandes, le cacao, la levure et une pincée de sel. Pétrissez rapidement jusqu'à l'obtention d'une boule de pâte homogène.

Enveloppez-la de film alimentaire et réservez-la au moins 30 min au frais.

La pâte feuilletée

300 g de farine • 300 g de beurre à température ambiante • 40 g de cacao en poudre non sucré • 8 cl de lait • 2 g de sel

Diluez 25 g de cacao en poudre dans le lait et 8 cl d'eau. Dans le bol d'un batteur, mélangez la farine et le sel. Creusez un puits au centre, puis versez-y le lait au cacao. Mélangez bien. Ajoutez 50 g de beurre coupé en morceaux et pétrissez à nouveau jusqu'à l'obtention d'une boule de pâte homogène. Enveloppez cette détrempe de film alimentaire et réservez-la 45 min au frais.

Pendant ce temps, fouettez les 250 g de beurre restants avec 15 g de cacao en poudre.

À l'aide d'un rouleau, étalez ce beurre chocolaté entre deux feuilles de papier cuisson, jusqu'à obtenir un carré de 10 cm de côté environ. Filmez-le et réservez-le 30 min au frais. Passé ce délai, la détrempe et le carré de beurre doivent avoir la même consistance. Si le beurre est trop dur, laissez-le ramollir légèrement à température ambiante.

À l'aide d'un rouleau, étalez la détrempe sur un plan de travail légèrement fariné, jusqu'à obtenir un disque d'1 cm d'épaisseur environ. Déposez le carré de beurre au milieu. Si le beurre est encore trop dur par rapport à la détrempe, patientez quelques minutes. Rabattez la détrempe sur le beurre, en soudant bien les bords : le beurre doit être parfaitement enveloppé.

Aplatissez-la légèrement avec le rouleau pour égaliser son épaisseur. À l'aide du rouleau, étalez délicatement ce pâton en un rectangle d'1 cm d'épaisseur environ. À chaque fois que vous étalerez, partez toujours du centre et pratiquez des mouvements lents et réguliers vers l'avant puis vers l'arrière. Vous éviterez ainsi de déchirer la pâte ou de faire s'échapper le beurre. Pensez également à fariner légèrement (« fleurer ») et régulièrement, juste assez pour que la pâte n'adhère pas au rouleau ni au plan de travail.

Repliez le rectangle obtenu en trois, à la façon d'un portefeuille : vous avez effectué le premier tour.

Faites alors pivoter le pâton d'un quart de tour vers la droite. Farinez-le puis étalez-le de nouveau en rectangle. Pliez-le en portefeuille : vous avez effectué le deuxième tour. Enveloppez le pâton de film alimentaire et réservez-le 20 min au frais.

Passé ce délai, faites pivoter le pâton d'un quart de tour vers la droite. Farinez-le puis étalez-le de nouveau en rectangle. Pliez-le en portefeuille : vous avez effectué le troisième tour. Faites de nouveau pivoter le pâton d'un quart de tour vers la droite, puis étalez de nouveau en rectangle. Pliez-le en portefeuille : vous avez effectué le quatrième tour. Enveloppez le pâton de film alimentaire et réservez-le 20 min au frais.

Passé ce délai, donnez les deux derniers tours : faites pivoter le pâton d'un quart de tour vers la droite, étalez-le en rectangle, puis pliez-le en portefeuille.

Renouvelez l'opération une dernière fois : la pâte est prête à être étalée puis détaillée selon les besoins de la recette.

Le glaçage de base

100 g de chocolat noir • 125 g de sucre semoule • 10 cl de lait • 12 cl de crème liquide • 10 g de Maïzena • 4 g de gélatine (2 feuilles)

Hachez grossièrement le chocolat noir. Faites ramollir la gélatine dans un bol d'eau froide.

Dans un verre, diluez la Maïzena dans deux cuillères à soupe d'eau. Dans une petite casserole, faites chauffer le lait et la crème liquide. Réservez hors du feu.

Dans une autre casserole, réalisez un caramel à sec avec le sucre : versez un tiers du sucre et attendez sur feu moyen qu'il commence à caraméliser : ne mélangez pas, mais secouez de temps en temps la casserole par le manche. Rajoutez un tiers du sucre et laissez à nouveau caraméliser, en secouant de temps en temps. Ajoutez le reste du sucre et laissez caraméliser à nouveau.

Dès l'obtention d'un caramel bien liquide et doré, retirez-le du feu et ajoutez le mélange lait et crème encore chaud (attention aux éventuelles projections). Replacez sur feu doux et remuez jusqu'à l'obtention d'une sauce lisse, sans morceaux de sucre. Portez-la à ébullition, puis ajoutez la Maïzena diluée en fouettant. Faites épaissir sur feu doux, sans cesser de remuer.

Dès l'obtention d'une sauce onctueuse (proche de la consistance d'une crème pâtissière), retirez-la du feu et ajoutez la gélatine bien essorée. Mélangez bien, puis ajoutez le chocolat haché. Mélangez jusqu'à obtenir un glaçage bien lisse et brillant.

Utilisez-le à température ambiante.

Le glaçage miroir

200 g de sucre semoule • 15 cl de crème liquide • 65 g de cacao en poudre non sucré • 8 g de gélatine (4 feuilles)

Faites ramollir la gélatine dans un bol d'eau froide.

Dans une petite casserole, faites chauffer la crème. Réservez-la hors du feu.

Dans une autre casserole, mélangez le sucre semoule avec 8 cl d'eau. Portez à ébullition, puis ajoutez le cacao en poudre. Mélangez bien, puis ajoutez la crème chaude. Portez de nouveau à ébullition, puis laissez épaissir 5 min à petits bouillons, sans cesser de remuer.

Hors du feu, ajoutez la gélatine bien essorée. Mélangez bien, puis laissez tiédir à température ambiante : le glaçage doit être juste assez fluide pour s'écouler le long du gâteau.

Clafoutis aux poires

PRÉPARATION : 30 MIN - CUISSON : 35 MIN

POUR 6 PERSONNES

5 œufs • 2 poires peu juteuses • 125 g de chocolat noir • 120 g de cassonade (+ un peu pour le moule) • 90 g de farine • 25 cl de crème liquide • 15 cl de lait • 50 g de beurre (+ un peu pour le moule) • 25 g de Maïzena • 15 g de cacao en poudre non sucré • 1 gousse de vanille • Sel

Incisez la gousse de vanille sur sa longueur et prélevez ses graines.

Hachez grossièrement le chocolat et placez-le dans un cul-de-poule. Ajoutez le beurre coupé en morceaux.

Dans une casserole, mélangez la crème avec le lait et les graines de vanille. Portez à ébullition, puis versez sur le chocolat et le beurre. Mélangez bien jusqu'à obtenir une sauce homogène, puis laissez tiédir à température ambiante.

Dans un cul-de-poule ou le bol d'un batteur, mélangez les œufs avec la cassonade. Ajoutez la farine mélangée avec la Maïzena, le cacao en poudre et une pincée de sel. Remuez rapidement jusqu'à l'obtention d'une préparation homogène.

Pendant que la sauce au chocolat continue de tiédir, épluchez les poires, épépinez-les, puis détaillez-les en tranches.

À l'aide d'un pinceau, badigeonnez une feuille de papier cuisson de beurre fondu, puis saupoudrez-la d'un peu de cassonade. Éliminez le surplus de cassonade, puis placez cette feuille de papier cuisson au fond d'un moule à manqué.

Préchauffez le four à 180 °C (th. 6).

Versez la sauce au chocolat tiède dans la préparation aux œufs. Mélangez bien mais sans fouetter, puis versez cette préparation dans le moule. Disposez harmonieusement les tranches de poires, puis enfournez pour 30 min environ.

Dégustez ce clafoutis encore tiède, ou bien frais après 1 h minimum au réfrigérateur.

Fondant intense

PRÉPARATION : 25 MIN - CUISSON : 25 MIN - REPOS : 10 MIN

POUR 6 PERSONNES

200 g de chocolat noir • 160 g de sucre semoule • 140 g de beurre mou • 3 œufs • 30 g de farine • 20 g de cacao en poudre non sucré • 1 gousse de vanille • Fleur de sel

Hachez grossièrement le chocolat et placez-le dans un cul-de-poule.

Incisez la gousse de vanille sur sa longueur et prélevez ses graines.

Dans une casserole, mélangez le sucre avec 15 cl d'eau. Ajoutez la gousse et les graines de vanille. Faites bouillir, puis maintenez l'ébullition 3 min sur feu vif. Versez aussitôt sur le chocolat à travers une passoire (pour récupérer la gousse de vanille). Mélangez délicatement en partant du centre, jusqu'à ce que le chocolat soit parfaitement fondu et que vous obteniez un mélange bien lisse. Laissez-le tiédir 10 min à température ambiante.

Ajoutez le beurre mou coupé en morceaux, petit à petit et en mélangeant sans cesse jusqu'à ce qu'il soit parfaitement incorporé. Laissez refroidir à température ambiante.

Lorsque la préparation est bien froide, préchauffez le four à 175° C (th. 5-6).

Ajoutez les œufs un par un, en les incorporant bien au fur et à mesure. Pour finir, ajoutez la farine mélangée avec le cacao en poudre et une belle pincée de fleur de sel. Mélangez rapidement jusqu'à l'obtention d'une préparation bien lisse et homogène.

Versez-la dans un moule à manqué tapissé de papier cuisson et enfournez pour 20 min environ.

Vous pouvez déguster ce fondant encore tiède, peu après sa sortie du four. Sinon, laissez-le refroidir à température puis réservez-le au moins 1 h au frais. Il sera délicieux bien frais, détaillé en petits carrés pour accompagner le café.

Tropézienne à la pistache

PRÉPARATION : 40 MIN - CUISSON : 45 MIN - REPOS : 5 H

POUR 6 PERSONNES

MATÉRIEL : Un moule à manqué à charnière • Une poche à douille • Une douille unie

Pour la brioche : 320 g de farine • 100 g de beurre mou • 10 cl de lait + un peu pour la dorure • 30 g de sucre semoule • 2 œufs • 2 cuil. à soupe de cacao en poudre non sucré • 8 g de levure sèche de boulanger • 1 cuil. à soupe d'eau de fleur d'oranger • Sel

Pour la crème : 190 g de chocolat noir 75 % • 50 cl de lait • 60 g de beurre • 75 g de sucre semoule • 50 g de Maïzena • 80 g de pâte de pistache pure • 1 œuf • 2 jaunes d'œufs • 1 gousse de vanille

Pour la finition : 30 g de sucre glace • 30 g d'éclats de pistaches

La brioche : Dans un bol, faites très légèrement tiédir le lait. Versez-y la levure pour la délayer.

Dans un cul-de-poule ou le bol d'un batteur, mélangez la farine avec le sucre semoule, le cacao et une pincée de sel. Creusez un puits au centre, puis versez-y le lait avec la levure, les œufs battus et l'eau de fleur d'oranger. Pétrissez pour bien incorporer la farine dans les liquides. Ajoutez pour finir le beurre mou coupé en morceaux, puis pétrissez 5 min supplémentaires. Dès que la pâte est bien élastique et qu'elle se détache des parois, couvrez le récipient d'un linge propre et laissez pousser 1 h dans un endroit tiède.

Passé ce délai, dégazez la pâte en la pressant délicatement avec la paume. Étalez-la légèrement aux dimensions d'un moule à manqué à charnière. Placez-la dans le moule, couvrez du linge, puis laissez-la pousser 1 h supplémentaire.

La crème : Hachez grossièrement le chocolat et placez-le dans un cul-de-poule. Incisez la gousse de vanille sur sa longueur et prélevez ses graines. Dans une casserole, faites chauffer le lait avec les graines de vanille.

Dans un cul-de-poule, fouettez l'œuf, les jaunes d'œufs et le sucre. Ajoutez la Maïzena et fouettez bien.

Versez un peu de lait chaud sur ce mélange, fouettez pour bien le délayer, puis reversez le tout dans la casserole. Portez lentement à ébullition pour faire épaissir, sans cesser de remuer. Lorsque vous obtenez une crème pâtissière bien onctueuse, versez-la sur le chocolat haché. Mélangez bien jusqu'à l'obtention d'une crème homogène. Laissez-la légèrement tiédir, puis ajoutez le beurre coupé en dés. Incorporez pour finir la pâte de pistaches. Mélangez bien, puis couvrez de film alimentaire (au contact de la crème) et réservez au moins 2 h au frais.

Lorsque la pâte a suffisamment poussé, préchauffez le four à 180 °C (th. 6). Enfournez la brioche pour 25 à 30 min, puis laissez-la refroidir sur une grille. Lorsque la crème au chocolat est bien froide, fouettez-la quelques minutes jusqu'à l'obtention d'une préparation légèrement mousseuse. Versez-la dans une poche munie d'une douille unie.

À l'aide d'un grand couteau, coupez la brioche refroidie en deux dans l'épaisseur. Garnissez harmonieusement le disque inférieur de crème au chocolat, puis replacez le disque du dessus.

Réservez au moins 1 h au frais. Au dernier moment, saupoudrez de sucre glace et d'éclats de pistaches.

Pâte à tartiner

PRÉPARATION : 20 MIN - CUISSON : 10 MIN - REPOS : 30 MIN

POUR 3 BOCAUX

250 g de chocolat noir • 125 g de sucre glace • 125 g de noisettes entières • 100 g d'amandes entières • 25 g de vergeoise • 1 cuil. à soupe d'huile • 2 g de fleur de sel

Facultatif : 10 crêpes Gavottes ou 80 g d'éclats de noisettes grillés

Torréfiez les noisettes et les amandes 10 min dans un four à 180 °C (th. 6). Laissez-les refroidir à température ambiante.

Hachez grossièrement le chocolat noir, placez-le dans un cul-de-poule, puis faites-le fondre sur un bain-marie. Laissez-le tiédir à température ambiante.

Lorsqu'elles sont bien froides, broyez les amandes et les noisettes dans le bol d'un robot jusqu'à l'obtention d'une pâte lisse. Pesez-en 180 g et ajoutez le sucre glace, la vergeoise et la fleur de sel. Mélangez bien. Versez l'huile et mélangez bien à nouveau.

À l'aide d'une spatule, incorporez le chocolat fondu et encore légèrement tiède. Réservez cette pâte au frais, en la mélangeant très régulièrement jusqu'à ce qu'elle prenne une consistance de pâte à tartiner. Si vous le souhaitez, incorporez des éclats de noisettes ou de crêpes Gavottes.

Répartissez votre pâte à tartiner dans des bocaux.

Le conseil

si vous souhaitez une texture plus fluide, ajoutez seulement 180 g de chocolat noir. Et pour une version express sans robot, utilisez 180 g de purée de noisettes déjà prête (disponible en boutiques bio).

Cheesecake marbré

PRÉPARATION : 40 MIN - CUISSON : 50 MIN - REPOS : 30 MIN

POUR 8 PERSONNES

MATÉRIEL : Un moule à manqué à charnière

Pour la base : 300 g de biscuits (type Digestives au chocolat) • 150 g de beurre mou • 50 g de poudre de noisettes • 20 g de cacao en poudre non sucré

Pour la garniture : 300 g de fromage frais (type Philadelphia) • 200 g de mascarpone • 150 g de chocolat noir • 125 g de cassonade • 100 g de ricotta • 3 œufs • 3 jaunes d'œufs • 1 gousse de vanille

Pour le nappage : 160 g de chocolat noir • 20 cl de crème liquide • 30 g de beurre

Hachez grossièrement 150 g de chocolat noir et placez-le dans un bol. Faites-le fondre sur un bain-marie, puis laissez-le tiédir à température ambiante.

La base biscuitée : Écrasez les biscuits à l'aide d'un rouleau à pâtisserie (ou mixez-les dans le bol d'un robot) jusqu'à obtenir un gros sable. Dans un cul-de-poule, mélangez-le avec le beurre mou coupé en morceaux, la poudre de noisettes et le cacao en poudre. Dès l'obtention d'une préparation homogène, étalez-la au fond d'un moule à manqué. Pressez-la bien avec le dos d'une cuillère jusqu'à égaliser l'épaisseur et obtenir une couche de biscuit lisse et dense. Réservez au congélateur le temps de préparer la garniture.

La garniture : Incisez la gousse de vanille sur sa longueur et prélevez ses graines. Dans un cul-de-poule, fouettez les œufs avec deux jaunes d'œufs et la cassonade. Ajoutez le fromage frais, le mascarpone et la ricotta. Versez la moitié de cette préparation dans un second cul-de-poule : dans une moitié, ajoutez le chocolat noir fondu et tiède. Dans l'autre moitié, incorporez le dernier jaune d'œuf et les graines de vanille.

Préchauffez le four à 175 °C (th. 5-6).

Versez alternativement les deux préparations sur le fond biscuité : déposez une cuillerée à soupe de la préparation à la vanille puis une cuillerée à soupe de la préparation au chocolat, et recommencez jusqu'à épuisement des deux préparations.

Enfournez pour 50 min environ : le cheesecake doit être cuit, mais encore très légèrement tremblotant au centre. Au besoin, recouvrez-le de papier aluminium en fin de cuisson pour éviter qu'il colore. Laissez-le refroidir sur une grille, puis réservez-le au moins 30 min au frais.

La sauce au chocolat : Hachez grossièrement le chocolat noir dans un cul-de-poule.

Dans une petite casserole, portez la crème liquide à ébullition. Versez-la sur le chocolat et mélangez délicatement en partant du centre, jusqu'à l'obtention d'une sauce onctueuse. Ajoutez le beurre coupé en morceaux et mélangez jusqu'à l'obtention d'une préparation lisse.

Au moment de servir, nappez généreusement le cheesecake bien froid de sauce au chocolat et dégustez sans tarder.

Quatre-quarts à la banane

PRÉPARATION : 20 MIN - CUISSON : 45 MIN

POUR 10 PERSONNES

300 g de bananes bien mûres (environ 3 bananes) • 200 g de farine • 200 g de chocolat noir • 125 g de poudre de noisettes • 100 g de beurre • 100 g de cassonade • 6 œufs • 20 cl de sirop d'érable • 11 g de levure chimique • Sel

Hachez grossièrement le chocolat noir et placez-le dans un cul-de-poule. Ajoutez le beurre coupé en morceaux, puis faites fondre sur un bain-marie. Mélangez bien et laissez tiédir à température ambiante.

Dans un bol, écrasez les bananes jusqu'à obtenir une purée assez lisse.

Préchauffez le four à 175 °C (th. 5-6).

Dans un cul-de-poule ou le bol d'un batteur, fouettez les œufs avec la cassonade, le sirop d'érable et la purée de bananes. Versez le mélange beurre-chocolat fondu et tiède, remuez bien. Incorporez la farine mélangée avec la poudre de noisettes, la levure et une pincée de sel. Remuez rapidement jusqu'à l'obtention d'une pâte bien homogène.

Versez-la dans un moule à cake beurré, puis enfournez pour 45 min environ : vérifiez la cuisson en plantant la pointe d'un couteau au centre du quatre-quarts, elle doit ressortir sèche. Démoulez le quatre-quarts, puis dégustez-le encore tiède ou laissez-le refroidir sur une grille.

Kouign-amann

PRÉPARATION : 45 MIN - CUISSON : 45 MIN - REPOS : 3 H 30

POUR 8 PERSONNES

250 g de farine • 225 g de beurre • 225 g de sucre • 30 g de cacao en poudre non sucré • 5 g de levure sèche de boulanger • 6 cl de lait • ¼ de cuil. à café de sel

Faites fondre 25 g de beurre dans un bol, puis laissez-le tiédir.

Dans un bol, faites très légèrement tiédir le lait. Versez-y la levure pour la délayer.

Dans le bol d'un batteur, mélangez la farine avec 25 g de sucre, 15 g de cacao en poudre et le sel. Creusez un puits au centre, puis versez-y le lait avec la levure et 10 cl d'eau. Pétrissez 5 min. Ajoutez le beurre fondu et tiède, puis pétrissez à nouveau. Dès l'obtention d'une pâte bien lisse qui se détache des parois, placez-la dans un cul-de-poule. Couvrez d'un linge propre et laissez pousser 1 h dans un endroit tiède. Passé ce délai, dégazez la pâte en la pressant légèrement avec la paume de la main. Enveloppez cette détrempe de film alimentaire et réservez-la 1 h au frais.

Pendant ce temps, mélangez 200 g de beurre avec 15 g de cacao en poudre, puis façonnez-le en un rectangle de 20 cm sur 15 cm environ. Enveloppez-le de film alimentaire et réservez-le 45 min au frais. Passé ce délai, la détrempe et le carré de beurre doivent avoir la même consistance. Si le beurre est trop dur, laissez-le ramollir légèrement à température ambiante.

À l'aide d'un rouleau, étalez la détrempe sur un plan de travail légèrement fariné, jusqu'à obtenir un disque d'1 cm d'épaisseur environ. Déposez le carré de beurre au milieu. Si le beurre est encore trop dur par rapport à la détrempe, patientez quelques minutes. Rabattez alors la détrempe sur le beurre, en soudant bien les bords de la détrempe : le beurre doit être parfaitement enveloppé. Aplatissez-le légèrement avec le rouleau pour égaliser son épaisseur.

À l'aide du rouleau, étalez délicatement ce pâton en un rectangle d'1 cm d'épaisseur environ. À chaque fois que vous étalerez, partez toujours du centre et pratiquez des mouvements lents et réguliers vers l'avant puis vers l'arrière. Vous éviterez ainsi de déchirer la pâte ou de faire s'échapper le beurre. Pensez également à fariner légèrement (« fleurer ») et régulièrement, juste assez pour que la pâte n'adhère pas au rouleau ni au plan de travail. Repliez le rectangle de pâte en trois, à la façon d'un portefeuille. Enveloppez le pâton de film alimentaire et réservez-le 30 min au frais.

Passé ce délai, faites pivoter le pâton d'un quart de tour vers la droite. Farinez-le puis étalez-le de nouveau en rectangle. Pliez-le en portefeuille. Faites de nouveau pivoter le pâton d'un quart de tour vers la droite. Étalez-le de nouveau en rectangle et pliez-le en portefeuille. Enveloppez le pâton de film alimentaire et réservez-le 30 min au frais.

Passé ce délai, faites pivoter le pâton d'un quart de tour vers la droite. Étalez-le en rectangle et saupoudrez-le uniformément de 100 g de sucre. Pliez en portefeuille puis faites de nouveau pivoter d'un quart de tour vers la droite. Étalez de nouveau en rectangle et saupoudrez uniformément de 100 g de sucre supplémentaires. Pliez en portefeuille, puis aplatissez légèrement le pâton à l'aide du rouleau pour en égaliser l'épaisseur. Réservez-le 30 min au frais.

Passé ce délai, préchauffez le four à 180 °C (th. 6). Beurrez généreusement un moule à manqué. Étalez la pâte aux dimensions du moule puis déposez-la au fond. Si elle vous semble trop épaisse, étalez-la, détaillez en deux morceaux et placez-les dans deux petits moules à manqué.

Enfournez pour 40 à 45 min, jusqu'à ce que le kouign-amann soit bien caramélisé. Dégustez sans tarder !

Bûche aux cacahuètes

PRÉPARATION : 35 MIN - CUISSON : 15 MIN - REPOS : 2 H

POUR 8 PERSONNES

Pour le biscuit : 4 œufs • 140 g de sucre semoule • 100 g de farine • 25 g de Maïzena • 25 g de cacao en poudre non sucré • 4 cuil. à soupe de lait • 1 cuil. à café de levure chimique • Sel

Pour le praliné aux cacahuètes : 250 g de beurre de cacahuètes • 250 g de chocolat praliné • 1 poignée de cacahuètes caramélisées (facultatif)

Pour la finition : 1 poignée de cacahuètes caramélisées

Le biscuit : Cassez les œufs en séparant les jaunes des blancs. Dans un cul-de-poule ou le bol d'un batteur, montez les blancs en neige.

Préchauffez le four à 180 °C (th. 6).

Dans un second cul-de-poule, fouettez les jaunes d'œufs avec le sucre. Ajoutez la farine mélangée avec la Maïzena, le cacao en poudre, la levure et une pincée de sel. Remuez rapidement jusqu'à l'obtention d'une pâte homogène. Ajoutez le lait et mélangez bien. Pour finir, incorporez délicatement les blancs en neige à l'aide d'une spatule. Étalez cette pâte sur une plaque tapissée de papier cuisson, puis enfournez pour 12 à 15 min.

Dès sa sortie du four, roulez délicatement le biscuit sur lui-même en vous aidant de son papier cuisson. Enveloppez-le d'un torchon propre légèrement humide, puis laissez-le refroidir à température ambiante.

La garniture : Hachez grossièrement le chocolat praliné et placez-le dans un cul-de-poule. Ajoutez le beurre de cacahuètes et faites fondre sur un bain-marie. Lorsque vous obtenez un mélange bien lisse, laissez-le refroidir à température ambiante.

Lorsque le biscuit et la garniture sont bien froids, déroulez délicatement le biscuit. À l'aide d'une spatule, étalez uniformément la garniture aux cacahuètes (réservez-en un quart au frais pour la finition). Si vous le souhaitez, parsemez de quelques cacahuètes caramélisées finement hachées. Roulez de nouveau le biscuit sur lui-même, puis réservez au moins 1 h au frais.

Au moment de servir, étalez le reste de praliné aux cacahuètes sur la bûche à l'aide d'une spatule ou d'une poche à douille. Décorez de cacahuètes caramélisées et dégustez frais.

Brownie vanille et noix de pécan grillées

PRÉPARATION : 25 MIN - CUISSON : 40 MIN

POUR 8 PERSONNES

300 g de chocolat noir • 200 g de beurre • 175 g de sucre « pure canne » (ou de vergeoise) • 4 gros œufs • 150 g de cerneaux de noix de pécan • 150 g de pépites de chocolat noir • 130 g de farine • 75 g de cassonade • 20 g de cacao en poudre non sucré • 5 cl d'huile • 5 cl de crème liquide • 1 gousse de vanille • ½ cuil. à café de bicarbonate de soude • Fleur de sel

Au four ou dans une poêle, torréfiez légèrement les cerneaux de noix de pécan. Laissez-les refroidir.

Incisez la gousse de vanille sur sa longueur et prélevez ses graines.

Dans une petite casserole, faites chauffer la crème avec les graines et la gousse de vanille. Réservez-la hors du feu.

Hachez grossièrement le chocolat noir. Placez-le dans un cul-de-poule, ajoutez le beurre coupé en morceaux et l'huile. Faites fondre sur un bain-marie en mélangeant bien, puis laissez tiédir à température ambiante.

Dans un cul-de-poule ou le bol d'un batteur, fouettez les œufs avec le sucre « pure canne », la cassonade et deux belles pincées de fleur de sel. Ajoutez le mélange de beurre et de chocolat tiède. Incorporez la farine mélangée avec le cacao en poudre et le bicarbonate de soude. Mélangez rapidement jusqu'à l'obtention d'une préparation homogène.

Préchauffez le four à 170 °C (th. 5-6).

Retirez la gousse de vanille puis versez la crème infusée dans la préparation. Pour finir, ajoutez les cerneaux de noix de pécan torréfiés et les pépites de chocolat.

Versez dans un moule préalablement beurré, puis enfournez pour 40 min environ.

Dégustez encore tiède, ou bien frais après une nuit au réfrigérateur.

Mousse stracciatella

PRÉPARATION : 30 MIN - CUISSON : 10 MIN - REPOS : 2 H

POUR 6 PERSONNES

200 g de chocolat blanc de très bonne qualité • 35 cl de crème liquide • 6 cl de lait • 4 jaunes d'œufs • 75 g de chocolat noir en copeaux • 40 g de sucre semoule • 8 g de gélatine (4 feuilles) • 1 gousse de vanille

Faites ramollir les feuilles de gélatine dans un bol d'eau froide.

Hachez grossièrement le chocolat blanc et placez-le dans un cul-de-poule.

Incisez la gousse de vanille sur sa longueur et prélevez ses graines.

Dans un bol, fouettez les jaunes d'œufs avec le sucre.

Dans une casserole, faites chauffer 10 cl de crème avec le lait et les graines de vanille. Versez-en un peu sur les jaunes d'œufs en fouettant, puis reversez le tout dans la casserole. Faites cuire sur feu doux, sans faire bouillir et sans cesser de remuer.

Dès l'obtention d'une crème anglaise nappante, versez-la sur le chocolat. Ajoutez la gélatine bien essorée et fouettez délicatement jusqu'à l'obtention d'une crème lisse et homogène. Laissez-la tiédir quelques minutes : elle doit être à peu près à la même température que votre doigt.

Pendant ce temps, montez 25 cl de crème liquide en crème fouettée.

Lorsque la crème anglaise au chocolat blanc est à la bonne température, incorporez délicatement la crème fouettée à l'aide d'une spatule. Pour finir, incorporez très délicatement les copeaux de chocolat.

Versez dans un saladier de service ou dans des petits pots individuels, puis réservez au moins 2 h au frais.

Cake Sacher

PRÉPARATION : 35 MIN - CUISSON : 45 MIN - REPOS : 1 H

POUR 8 PERSONNES

Pour le cake : 200 g de pâte d'amandes (avec 50 % d'amandes) • 6 œufs • 80 g de sucre glace • 75 g de sucre semoule • 65 g de farine • 65 g de beurre • 60 g de cacao en poudre non sucré • Amande amère

Pour la garniture : 200 g de confiture d'abricots

Pour le nappage : 180 g de sucre semoule • 180 g de chocolat noir

Le cake : Faites fondre le beurre, puis laissez-le refroidir à température ambiante.

Cassez les œufs en séparant les jaunes des blancs. Réservez les jaunes dans un bol.

Dans un cul-de-poule ou le bol d'un batteur, fouettez les blancs d'œufs à vitesse moyenne. Lorsqu'ils sont montés en neige légère, versez le sucre semoule et continuez à fouetter à vitesse rapide jusqu'à l'obtention de blancs en neige bien fermes. Réservez-les.

Coupez la pâte d'amandes en morceaux. Elle doit être bien molle : au besoin, faites-la légèrement tiédir pour la ramollir. Dans un autre cul-de-poule, mélangez la pâte d'amandes avec le sucre glace et une pointe de couteau d'amande amère.

Incorporez les jaunes d'œufs un par un, en mélangeant bien jusqu'à l'obtention d'une préparation homogène.

À l'aide d'une spatule, incorporez délicatement les blancs en neige en trois fois. Incorporez ensuite délicatement la farine tamisée avec le cacao.

Pour finir, incorporez le beurre fondu et froid, toujours très délicatement et en soulevant à l'aide d'une spatule.

Dès l'obtention d'une préparation homogène, préchauffez le four à 175 °C (th. 6).

Versez la préparation dans un moule à cake préalablement beurré et enfournez pour 40 min environ : vérifiez la cuisson en plantant la pointe d'un couteau au centre du cake, elle doit ressortir sèche. Laissez refroidir le cake sur une grille.

Lorsqu'il est bien froid, coupez-le en deux dans l'épaisseur.

Étalez une fine couche de confiture d'abricots sur la moitié inférieure, puis replacez l'autre moitié. Pressez légèrement pour bien souder le cake, puis réservez-le 30 min au frais.

Le nappage : Hachez grossièrement le chocolat noir et placez-le dans un cul-de-poule. Faites-le fondre doucement sur un bain-marie.

Dans une casserole, faites bouillir le sucre semoule avec 10 cl d'eau. Maintenez l'ébullition pendant 2 à 3 min, puis versez ce sirop sur le chocolat fondu. Mélangez délicatement jusqu'à l'obtention d'une sauce bien lisse et homogène. Au besoin, mixez légèrement, en veillant à ne pas incorporer d'air. Ce nappage doit être onctueux, mais suffisamment fluide. Au besoin, réchauffez-le légèrement sur le bain-marie.

Versez-le généreusement sur toute la longueur du cake, en faisant en sorte qu'il s'écoule de chaque côté et vienne bien napper les bords.

Réservez au moins 30 min au frais.

Cinnamon rolls aux amandes

PRÉPARATION : 45 MIN - CUISSON : 30 MIN - REPOS : 2 H 45

POUR 10 PERSONNES

Pour la pâte : 320 g de farine • 100 g de beurre mou • 30 g de sucre • 12 cl de lait • 2 gros œufs • 7 g de levure sèche de boulanger • 2 cuil. à soupe de cacao en poudre non sucré • Sel

Pour la crème d'amande : 125 g de beurre mou • 125 g de poudre d'amandes • 100 g de sucre glace • 2 gros blancs d'œufs • 10 g de Maïzena • 10 g de cacao en poudre non sucré • 1 cuil. à café bombée de cannelle en poudre • 100 g de pépites de chocolat noir

Pour la finition : 1 œuf • 50 g d'amandes effilées

Pour le nappage : 150 g de chocolat noir • 20 cl de crème liquide • 30 g de beurre

La pâte : Faites très légèrement tiédir le lait dans un bol, puis versez-y la levure pour la délayer. Dans le bol d'un batteur, mélangez la farine avec le sucre, le cacao en poudre et une pincée de sel. Creusez un puits au centre et versez-y le lait avec la levure.

Ajoutez les œufs et pétrissez jusqu'à l'obtention d'une préparation homogène.

Ajoutez enfin le beurre coupé en morceaux et pétrissez 5 min supplémentaires. Lorsque la pâte est bien lisse et élastique, placez-la dans un cul-de-poule. Couvrez d'un linge propre et faites pousser la pâte 2 h dans un endroit tiède.

La crème d'amande : Dans un cul-de-poule, mélangez le beurre coupé en morceaux avec le sucre glace. Ajoutez la poudre d'amandes mélangée avec la Maïzena, le cacao et la cannelle en poudre. Incorporez les blancs d'œufs, un par un.

Lorsque la pâte a suffisamment poussé, dégazez-la en pressant légèrement avec la paume de la main. Sur le plan de travail, étalez-la en un rectangle d'½ cm d'épaisseur à l'aide d'un rouleau. Étalez uniformément la crème d'amande à la cannelle, puis parsemez de pépites de chocolat noir. Roulez délicatement la pâte sur elle-même, puis détaillez le boudin obtenu en tranches de 1,5 cm d'épaisseur. Couchez-les délicatement dans un moule à manqué, les unes à côté des autres, en les espaçant d'1 cm environ. Laissez pousser 45 min dans un endroit tiède.

Passé ce délai, préchauffez le four à 180 °C (th. 6).

À l'aide d'un pinceau, badigeonnez délicatement les cinnamon rolls d'œuf battu. Parsemez d'amandes effilées, puis enfournez pour 25 min environ.

Le nappage au chocolat : Hachez grossièrement le chocolat noir et placez-le dans un cul-de-poule.

Dans une petite casserole, portez la crème liquide à ébullition. Versez-la sur le chocolat et mélangez délicatement en partant du centre, jusqu'à l'obtention d'une préparation homogène. Ajoutez le beurre et mélangez jusqu'à l'obtention d'une sauce bien lisse.

Dégustez vos cinnamon rolls encore tièdes, généreusement nappés de sauce au chocolat.

Flan pâtissier

PRÉPARATION : 35 MIN - CUISSON : 50 MIN - REPOS : 1 H 30

POUR 8 PERSONNES

Pour la pâte : 200 g de farine • 125 g de beurre mou (+ un peu pour le moule) • 85 g de sucre glace • 20 g de cacao en poudre non sucré • 1 jaune d'œuf • 3 cl de lait • Sel

Pour l'appareil à flan : 85 cl de lait • 15 cl de crème • 180 g de sucre semoule • 100 g de chocolat noir • 100 g de poudre à crème (à défaut, de la Maïzena) • 80 g de beurre • 50 g de cacao en poudre non sucré • 3 œufs • 3 jaunes d'œufs • Fleur de sel • ½ orange bio (facultatif)

La pâte : Mélangez le beurre coupé en morceaux avec le sucre glace. Ajoutez la farine mélangée avec le cacao en poudre et une pincée de sel. Mélangez rapidement jusqu'à l'obtention d'un sable grossier. Ajoutez le jaune et le lait, puis pétrissez rapidement pour former une boule de pâte homogène. Enveloppez-la de film alimentaire et réservez-la 30 min au frais.

Passé ce délai, étalez-la finement au rouleau entre deux feuilles de papier cuisson. Foncez un moule à manqué préalablement beurré, puis placez-le 30 min au congélateur.

L'appareil à flan : Placez le chocolat noir grossièrement haché dans un bol. Ajoutez le beurre coupé en morceaux, puis faites fondre sur un bain-marie. Dès l'obtention d'un mélange bien fondu et homogène, réservez-le à température ambiante.

Fouettez les œufs et les jaunes d'œufs avec la poudre à crème, 10 cl de lait, le sucre, le cacao et une pincée de fleur de sel. Portez à ébullition 75 cl de lait et la crème. Si vous le souhaitez, ajoutez le zeste très finement râpé d'½ orange. Versez un peu de ce liquide bouillant sur le mélange aux œufs, fouettez bien, puis replacez sur feu doux et portez doucement à ébullition sans cesser de fouetter. Maintenez l'ébullition 3 à 4 min en fouettant sans cesse, jusqu'à ce que la crème pâtissière épaississe. Retirez-la du feu.

Préchauffez le four à 180 °C (th. 6).

Ajoutez le chocolat et le beurre fondus et tièdes dans la crème pâtissière. Mélangez bien jusqu'à l'obtention d'une crème homogène, puis versez-la sur le fond de pâte congelée. Enfournez pour 40 à 45 min environ. Laissez refroidir à température ambiante, puis réservez au moins 1 h au frais.

Marbré vanille

PRÉPARATION : 30 MIN - CUISSON : 45 MIN

POUR 8 PERSONNES

175 g de farine • 150 g de beurre (+ un peu pour le moule) • 120 g de sucre semoule • 100 g de poudre d'amandes • 100 g de chocolat noir • 80 g de miel • 15 g de cacao en poudre non sucré • 10 cl de lait • 5 œufs • 11 g de levure chimique • 1 gousse de vanille • Sel

Hachez grossièrement le chocolat et placez-le dans un bol. Faites-le fondre sur un bain-marie, puis laissez-le tiédir.

Faites fondre le beurre coupé en morceaux dans un autre bol, puis laissez-le tiédir.

Incisez la gousse de vanille sur sa longueur et prélevez ses graines.

Dans un cul-de-poule, fouettez les œufs avec le sucre et le miel. Versez le lait et mélangez bien. Incorporez la farine mélangée avec la poudre d'amandes, la levure et une pincée de sel. Versez enfin le beurre fondu et tiède.

Divisez cette préparation dans deux culs-de-poule. Dans l'un d'eux, incorporez les graines de vanille. Dans l'autre, incorporez le chocolat fondu et le cacao.

Préchauffez le four à 175 °C (th. 5-6).

Dans un moule à cake beurré, versez des petites louches de pâte, en alternant pâte à la vanille et pâte au chocolat. À épuisement des pâtes, dessinez des volutes à l'aide d'une pique à brochette pour créer l'effet marbré. Enfournez pour 45 min environ : vérifiez la cuisson en enfonçant la pointe d'un couteau au centre du cake, elle doit ressortir sèche.

Démoulez le marbré, puis laissez-le refroidir sur une grille.

Moka

PRÉPARATION : 30 MIN - CUISSON : 40 MIN - REPOS : 1 H 30

POUR 8 PERSONNES

MATÉRIEL : Un moule à manqué à charnière • Une poche à douille • Une douille cannelée

Pour la génoise : 4 œufs • 125 g de sucre • 120 g de farine • 20 g de cacao en poudre non sucré

Pour la crème moka : 250 g de chocolat noir • 125 g de beurre mou • 5 jaunes d'œufs • 45 cl de lait • 60 g de sucre semoule • 60 g de sucre glace • 40 g de Maïzena • 1 orange bio

La génoise : Dans une petite casserole, fouettez les œufs avec le sucre. Faites chauffer sur feu doux, en fouettant énergiquement jusqu'à ce que le sucre soit parfaitement dissous et que le mélange soit chaud (environ 45-50 °C, les œufs ne doivent pas cuire) : comptez environ 5 min. Versez aussitôt dans le bol d'un batteur et fouettez à vitesse rapide jusqu'à ce que la préparation triple de volume. À l'aide d'une spatule, incorporez la farine mélangée avec le cacao, très délicatement pour ne pas faire retomber la pâte.

Préchauffez le four à 175 °C (th. 5-6).

Beurrez et farinez un moule à manqué à charnière, puis versez-y la pâte. Enfournez pour 25 min. Démoulez la génoise puis laissez-la refroidir sur une grille.

La crème moka : Hachez grossièrement le chocolat et placez-le dans un cul-de-poule.

Râpez très finement le zeste de l'orange.

Dans une casserole, portez à ébullition le lait avec le zeste d'orange râpé (réservez-en un peu pour la finition).

Dans un cul-de-poule, fouettez les jaunes d'œufs avec le sucre semoule, puis ajoutez la Maïzena. Versez un peu de lait bouillant sur ce mélange, fouettez pour bien le délayer, puis reversez le tout dans la casserole. Portez de nouveau à ébullition et faites épaissir 5 min environ, sans cesser de remuer. Lorsque vous obtenez une crème pâtissière bien onctueuse, versez-la sur le chocolat haché. Mélangez bien jusqu'à l'obtention d'une crème homogène. Laissez-la légèrement tiédir à température ambiante.

Dans un autre cul-de-poule, fouettez le beurre mou coupé en morceaux avec le sucre glace. Incorporez-le dans la crème pâtissière tiède, mélangez bien jusqu'à l'obtention d'une crème lisse et homogène. Couvrez de film alimentaire (au contact de la crème) et réservez 30 min au frais.

Lorsque la génoise est bien froide, coupez-la en deux dans l'épaisseur.

À l'aide d'une poche munie d'une douille cannelée, garnissez la moitié inférieure de crème au chocolat. Replacez le disque du dessus, puis décorez de rosaces de crème au chocolat. Décorez avec le reste du zeste d'orange et réservez au moins 1 h au frais.

Tarte coco grillée et double chocolat

PRÉPARATION : 40 MIN - CUISSON : 30 MIN - REPOS : 1 H 40

POUR 8 PERSONNES

MATÉRIEL: Un moule à tarte à fond amovible

Pour la pâte : 180 g de farine • 120 g de beurre mou • 90 g de sucre glace • 50 g de noix de coco râpée • 25 g de poudre de noisettes • 25 g de cacao en poudre non sucré • 2 jaunes d'œufs • Sel

Pour la ganache : 300 g de chocolat noir à 75 % • 25 cl de crème liquide • 65 g de beurre mou • 50 g de miel • 1 gousse de vanille

Pour la finition : 30 g de noix de coco râpée

Au four ou dans une poêle, torréfiez les 80 g de noix de coco râpée. Lorsqu'elle prend une belle coloration dorée, laissez-la refroidir.

La pâte : Dans un cul-de-poule ou le bol d'un batteur, mélangez le beurre mou coupé en morceaux avec le sucre glace. Ajoutez les jaunes et mélangez bien. Pour finir, incorporez la farine mélangée avec la poudre de noisettes, 50 g de noix de coco grillée, le cacao et une pincée de sel. Pétrissez rapidement jusqu'à obtenir une pâte homogène. Enveloppez-la de film alimentaire et réservez-la 30 min au frais.

Passé ce délai, préchauffez le four à 175 °C (th. 5-6). À l'aide d'un rouleau, étalez finement la pâte entre deux feuilles de papier cuisson, aux dimensions d'un moule à tarte à fond amovible. Beurrez le moule, puis déposez-y délicatement la pâte à l'aide d'un rouleau. Piquez-la avec une fourchette, puis enfournez pour 25 min environ. Lorsque la pâte est cuite, laissez-la refroidir sur une grille.

La ganache : Hachez grossièrement le chocolat noir et placez-le dans un cul-de-poule.

Incisez la gousse de vanille et prélevez ses graines.

Dans une casserole, portez à ébullition la crème avec le miel et les graines de vanille. Versez-la sur le chocolat, puis mélangez délicatement en partant du centre, jusqu'à l'obtention d'une ganache lisse et homogène. Laissez-la tiédir 10 min à température ambiante, puis incorporez le beurre mou coupé en morceaux.

Lorsque le fond de pâte est bien froid, versez-y la ganache. Réservez au moins 1 h au frais.

Au moment de servir, parsemez du reste de noix de coco grillée. Dégustez bien frais.

Pain d'épice

PRÉPARATION : 20 MIN - CUISSON : 55 MIN

POUR 10 PERSONNES

500 g de farine pour pain de campagne (mélange de farine de blé et de farine de seigle) • 25 cl de lait • 100 g de cassonade • 500 g de miel • 100 g de pépites de chocolat • 3 œufs • 25 g de cacao en poudre non sucré • 15 g de bicarbonate de soude • 3 g de levure chimique • 5 g de mélange « 5 épices » • 4 g de cannelle moulue • 2 g de gingembre moulu • 2 g de sel • 1 g de poivre moulu • 1 gousse de vanille

Incisez la gousse de vanille sur sa longueur et prélevez ses graines.

Dans une petite casserole, faites tiédir le lait. Hors du feu, ajoutez les épices et les graines de vanille.

Dans un bol, faites légèrement tiédir le miel.

Préchauffez le four à 170 °C (th. 5-6).

Dans un cul-de-poule ou le bol d'un batteur, mélangez la farine avec la cassonade, le cacao en poudre, le bicarbonate, la levure et le sel. Versez le miel tiède, mélangez bien. Versez le lait avec les épices, mélangez bien à nouveau. Ajoutez les œufs un par un, en les incorporant bien au fur et à mesure. Ajoutez pour finir les pépites de chocolat.

Mélangez rapidement pour obtenir une pâte bien homogène, puis versez-la dans un moule à cake beurré. Enfournez pour 55 min environ : vérifiez la cuisson en plantant la pointe d'un couteau au centre du pain d'épice, elle doit ressortir sèche.

Si vous le préférez moelleux, dégustez ce pain d'épice le jour même, pourquoi pas encore tiède. Si vous le préférez plus sec, laissez-le refroidir puis enveloppez-le hermétiquement et dégustez-le les jours suivants.

Financiers aux noix

PRÉPARATION : 30 MIN - CUISSON : 20 MIN - REPOS : 30 MIN

POUR 10 PERSONNES

125 g de chocolat noir • 125 g de miel • 125 g de poudre de noisettes • 120 g de beurre • 100 g de pâte à tartiner au chocolat noir, idéalement maison (recette p. 28) • 5 blancs d'œufs • 30 g de farine • 10 cerneaux de noix • 4 g de levure chimique • Sel

Dans une petite casserole, faites fondre le beurre coupé en morceaux. Une fois qu'il est fondu, faites-le cuire sur feu moyen jusqu'à ce qu'il prenne une belle couleur ambrée. Versez ce beurre noisette dans un cul-de-poule, ajoutez le miel et mélangez bien. Laissez refroidir à température ambiante.

Hachez grossièrement le chocolat, placez-le dans un bol et faites-le fondre sur un bain-marie. Laissez refroidir à température ambiante.

Dans un cul-de-poule ou le bol d'un batteur, montez les blancs en neige bien ferme.

Dans un autre cul-de-poule, mélangez la poudre de noisettes avec la farine, la levure et une pincée de sel. À l'aide d'une spatule, incorporez délicatement les blancs en neige en trois fois. Incorporez ensuite le mélange de miel et de beurre refroidi, en soulevant délicatement avec la spatule. Pour finir, incorporez le chocolat fondu et froid, en soulevant toujours très délicatement avec la spatule jusqu'à l'obtention d'une préparation bien homogène.

Préchauffez le four à 170 °C (th. 5-6).

Répartissez la pâte dans des moules à financiers préalablement beurrés, en les remplissant aux deux tiers. Déposez ½ cuillerée à café de pâte à tartiner au centre de chaque financier et recouvrez d'un cerneau de noix. Enfournez pour 20 min environ.

Dégustez les financiers encore tièdes, ou laissez-les refroidir sur une grille.

Croustillants pralinés

PRÉPARATION : 50 MIN - CUISSON : 20 MIN - REPOS : 2 H 45

POUR 8 PERSONNES

MATÉRIEL : Six cercles individuels à bord haut

Pour le biscuit : 100 g de sucre glace • 80 g de poudre de noisettes • 4 blancs d'œufs • 60 g de sucre semoule • 30 g de Maïzena • 20 g de cacao en poudre non sucré

Pour le croustillant praliné : 125 g de chocolat praliné • 90 g de chocolat au lait • 75 g de crêpes dentelle • 25 g de beurre mou • Fleur de sel

Pour la ganache : 280 g de chocolat noir • 20 cl de crème liquide • 65 g de beurre mou • 40 g de miel

Pour le glaçage : 200 g de sucre semoule • 15 cl de crème liquide • 65 g de cacao en poudre non sucré • 8 g de gélatine (4 feuilles)

Pour la finition : 1 crêpe dentelle

Le biscuit : Dans un cul-de-poule ou le bol d'un batteur, fouettez les blancs à vitesse moyenne. Lorsqu'ils sont montés en neige légère, versez le sucre semoule et continuez à fouetter à vitesse rapide jusqu'à l'obtention de blancs en neige bien fermes.

Préchauffez le four à 175 °C (th. 5-6). Dans un cul-de-poule, mélangez la poudre de noisettes avec le sucre glace, la Maïzena et le cacao en poudre. À l'aide d'une spatule, incorporez délicatement les blancs en neige. Étalez cette pâte sur une plaque tapissée de papier cuisson, puis enfournez pour 15 min environ. Laissez refroidir le biscuit sur une grille.

Le croustillant praliné : Hachez grossièrement le chocolat au lait et le chocolat praliné, puis placez-les dans un cul-de-poule. Faites-les fondre sur un bain-marie, puis ajoutez le beurre mou et une pincée de fleur de sel. Mélangez bien, puis incorporez les crêpes dentelle écrasées. Laissez refroidir à température ambiante.

La ganache : Hachez grossièrement le chocolat et placez-le dans un cul-de-poule. Dans une casserole, portez à ébullition la crème avec le miel. Versez-la sur le chocolat et mélangez délicatement en partant du centre. Lorsque vous obtenez une ganache bien lisse et homogène, laissez-la légèrement tiédir. Incorporez ensuite le beurre mou coupé en morceaux, puis laissez tiédir 30 min à température ambiante.

Passé ce délai, détaillez 8 disques de biscuit refroidi à l'aide d'un cercle. Disposez les cercles sur un plat tapissé de papier cuisson, puis insérez un disque de biscuit au fond de chacun d'eux.

À l'aide d'une petite cuillère, étalez une couche de croustillant praliné sur les disques de biscuit. Lissez bien à l'aide du dos de la cuillère. Réservez 10 min au congélateur, puis garnissez de ganache à hauteur des cercles. Lissez à l'aide d'une spatule, puis réservez au moins 1 h au congélateur.

Le glaçage : Faites ramollir la gélatine dans un bol d'eau froide. Dans une petite casserole, faites chauffer la crème. Réservez-la hors du feu. Dans une autre casserole, mélangez le sucre semoule avec 8 cl d'eau. Portez à ébullition, puis ajoutez le cacao en poudre. Mélangez bien, puis ajoutez la crème chaude. Portez de nouveau à ébullition, puis laissez épaissir 5 min à petits bouillons, sans cesser de remuer.

Hors du feu, ajoutez la gélatine bien essorée. Mélangez bien, puis laissez tiédir à température ambiante : le glaçage devra être suffisamment fluide pour s'écouler le long des gâteaux, mais pas trop chaud pour ne pas risquer de faire fondre la ganache. Retirez délicatement un croustillant congelé de son cercle, puis placez-le sur une grille posée sur une plaque tapissée de papier cuisson (pour récupérer l'excédent de glaçage).

À l'aide d'une petite louche, versez généreusement du glaçage au chocolat au centre du croustillant. À l'aide d'une spatule, faites retomber le glaçage le long des bords, jusqu'à ce qu'il nappe intégralement le croustillant. Faites de même pour chaque croustillant. Déposez-les délicatement au fur et à mesure sur une plaque tapissée de papier cuisson, puis réservez-les au moins 1 h au frais.

Au moment de servir, décorez d'éclats de crêpe dentelle.

Sablés intenses

PRÉPARATION : 15 MIN - CUISSON : 10 MIN - REPOS : 1 H (IDÉALEMENT TOUTE UNE NUIT)

POUR 25 BISCUITS

180 g de farine • 160 g de beurre mou • 150 g de chocolat noir • 100 g de cassonade • 75 g de sucre glace • 30 g de cacao en poudre non sucré • 5 g de bicarbonate de soude • 1 gousse de vanille • 2 g de fleur de sel

Incisez la gousse de vanille sur sa longueur et prélevez ses graines.

Hachez grossièrement le chocolat noir pour obtenir des pépites.

Dans un cul-de-poule ou le bol d'un batteur, mélangez le beurre mou avec la cassonade, le sucre glace, les graines de vanille et la fleur de sel. Ajoutez la farine mélangée avec le cacao et le bicarbonate. Mélangez rapidement jusqu'à l'obtention d'une pâte homogène. Incorporez les pépites de chocolat.

Façonnez la pâte en boudin, enveloppez-la de film alimentaire et réservez-la au moins 1 h au frais, idéalement toute la nuit.

Passé ce délai, préchauffez le four à 180 °C (th. 6). Détaillez le boudin de pâte en tranches régulières, puis couchez-les sur une plaque tapissée de papier cuisson. Enfournez pour 10 min environ.

Dégustez les sablés encore tièdes, ou laissez-les refroidir sur une grille.

Cupcakes aux noisettes & au gingembre confit

PRÉPARATION : 40 MIN - CUISSON : 20 MIN - REPOS : 40 MIN

POUR 15 CUPCAKES

MATÉRIEL ***: Une plaque pour muffins • Quinze caissettes à cupcakes • Une poche à douille • Une douille cannelée***

Pour les cupcakes : 200 g de chocolat noir • 180 g de farine • 150 g de poudre de noisettes • 100 g de beurre • 100 g de cassonade • 100 g de miel • 5 œufs • 10 cl de crème liquide • 120 g d'éclats de noisettes grillés • 20 g de cacao en poudre non sucré • 11 g de levure chimique • 60 g de gingembre confit • Sel

Pour le topping : 250 g de chocolat noir • 25 cl de crème liquide • 100 g de chocolat praliné • 60 g de beurre • 20 g de miel

Les cupcakes : Hachez grossièrement le chocolat et placez-le dans un bol. Ajoutez le beurre coupé en morceaux, puis faites fondre sur un bain-marie. Laissez tiédir à température ambiante.

Détaillez le gingembre confit en tout petits dés.

Dans un cul-de-poule ou le bol d'un batteur, mélangez les œufs avec la cassonade et le miel. Incorporez le mélange chocolat et beurre tiède, puis la crème liquide. Incorporez la farine mélangée avec la poudre de noisettes, le cacao en poudre, la levure et une pincée de sel. Ajoutez les petits dés de gingembre et les éclats de noisettes grillés (réservez-en un peu pour la finition), mélangez rapidement.

Préchauffez le four à 175 °C (th. 5-6). Disposez les caissettes à cupcakes dans les empreintes de la plaque pour muffins. Versez la pâte dans les caissettes et enfournez pour 20 min environ. Retirez les caissettes de la plaque et laissez les cupcakes refroidir sur une grille.

Le topping : Dans une petite casserole, portez à ébullition la crème avec le miel. Hachez grossièrement le chocolat noir et le chocolat praliné, placez-les dans un cul-de-poule. Versez la crème bouillante sur les chocolats et mélangez délicatement en partant du centre. Dès l'obtention d'une ganache bien lisse et onctueuse, incorporez le beurre coupé en morceaux. Laissez refroidir à température ambiante, en remuant de temps en temps, puis réservez 30 min au frais.

Lorsque les cupcakes ont parfaitement refroidi et que la ganache a pris une consistance pommade, placez-la dans une poche munie d'une douille cannelée.

Retirez chaque cupcake de sa caissette en papier, puis décorez-le d'une belle rosace de ganache. Parsemez du reste d'éclats de noisettes grillés et de petits dés de gingembre confit.

Mousses caramel au beurre salé

PRÉPARATION : 30 MIN - CUISSON : 15 MIN - REPOS : 2H15

POUR 8 PERSONNES

80 g de sucre semoule • 350 g de chocolat noir 75 % • 100 g de mascarpone • 100 g de beurre salé • 55 cl de crème liquide • 10 g de gélatine (5 feuilles) • Fleur de sel

Pour la finition : 40 g de cacao en poudre non sucré • 100 g de noix de pécan grillées

Faites ramollir les feuilles de gélatine dans un bol d'eau froide.

Hachez grossièrement le chocolat noir et placez-le dans un cul-de-poule. Ajoutez 50 g de beurre coupé en morceaux, puis faites fondre le tout sur un bain-marie. Lorsque le mélange est bien fondu et homogène, réservez-le à température ambiante.

Dans une petite casserole, faites chauffer 25 cl de crème avec 50 g de beurre coupé en morceaux. Lorsque le mélange est bien fondu et chaud, réservez-le hors du feu.

Dans une autre casserole, réalisez un caramel à sec avec le sucre : versez la moitié du sucre et attendez sur feu moyen qu'il commence à caraméliser. Ne mélangez pas, mais secouez de temps en temps la casserole par le manche. Ajoutez le reste de sucre et laissez à nouveau caraméliser, en secouant de temps en temps. Dès l'obtention d'un caramel bien liquide et doré, retirez la casserole du feu et ajoutez le mélange crème et beurre encore chaud (attention aux éventuelles projections). Replacez sur feu moyen et portez à ébullition. Laissez bouillir en remuant sans cesse, jusqu'à l'obtention d'une sauce caramel lisse, sans morceaux de sucre : comptez environ 5 min.

Versez cette sauce caramel sur le chocolat fondu, à travers une passoire pour récupérer d'éventuels morceaux de sucre cristallisé.

Ajoutez la gélatine bien essorée et une pincée de fleur de sel, puis mélangez délicatement jusqu'à obtenir une ganache lisse et onctueuse. Laissez-la tiédir à température ambiante, elle doit être à peu près à la même température que votre doigt : comptez environ 15 min.

Dans un cul-de-poule ou le bol d'un batteur, montez 30 cl de crème liquide avec le mascarpone jusqu'à l'obtention d'une crème fouettée relativement ferme.

Lorsque la ganache caramel et chocolat est à la bonne température, incorporez délicatement la crème fouettée à l'aide d'une spatule.

Versez dans un saladier de service ou dans des petits pots individuels, puis réservez au moins 2 h au frais.

Au moment de servir, saupoudrez généreusement de cacao en poudre et parsemez d'éclats de noix de pécan grillées.

Merveilleux coco-vanille

PRÉPARATION : 40 MIN - REPOS : 2H - CUISSON : 1H

POUR 15 MERVEILLEUX

MATÉRIEL : Huit moules individuels en aluminium • Une poche à douille unie

Pour la meringue : 240 g de sucre semoule • 4 blancs d'œufs • 15 g de cacao en poudre non sucré

Pour la ganache : 350 g de chocolat noir • 125 g de beurre mou • 125 g de noix de coco râpée • 15 cl de crème • 50 g de miel • 1 gousse de vanille

Pour la finition : Au choix : des vermicelles de chocolat, du cacao en poudre non sucré ou de la noix de noix râpée et torréfiée

Au four ou dans une poêle, torréfiez la noix de coco râpée. Lorsqu'elle est bien dorée, laissez-la refroidir à température ambiante.

Les meringues : Dans un cul-de-poule ou le bol d'un batteur, fouettez à vitesse moyenne les blancs d'œufs avec 160 g de sucre. Lorsque vous obtenez une neige aérée, ajoutez 40 g de sucre, sans cesser de fouetter. Ajoutez enfin 40 g de sucre et « serrez » les blancs en neige à vitesse rapide. À l'aide d'une spatule, incorporez très délicatement le cacao en poudre.

Préchauffez le four à 120°C (th. 4).

Placez la meringue dans une poche munie d'une douille unie et déposez de petits dômes sur une plaque tapissée de papier cuisson. Enfournez pour 1 h, puis laissez refroidir dans le four éteint, porte ouverte.

La ganache : Hachez grossièrement le chocolat et placez-le dans un cul-de-poule.

Incisez la gousse de vanille et prélevez ses graines.

Dans une casserole, portez à ébullition la crème avec le miel et les graines de vanille. Versez-la sur le chocolat, puis mélangez délicatement en partant du centre jusqu'à obtenir une ganache lisse. Laissez-la légèrement tiédir, puis ajoutez le beurre coupé en morceaux. Mélangez jusqu'à l'obtention d'une ganache bien homogène et brillante. Ajoutez la noix de coco grillée refroidie. Laissez refroidir à température ambiante, jusqu'à obtenir la consistance d'un beurre à tartiner. Si elle est trop liquide, placez-la quelques minutes au frais en remuant très régulièrement.

Lorsque les meringues sont bien froides, pressez délicatement sur le dessous de la moitié d'entre elles pour les creuser légèrement.

Prenez une première meringue creusée et garnissez-la de ganache à l'aide d'une poche munie d'une douille unie, en faisant légèrement déborder la ganache. Prenez une meringue non creusée et collez délicatement son côté arrondi sur le dessous de la première meringue garnie de ganache. Déposez ces deux meringues superposées sur une plaque tapissée de papier cuisson, et réservez au frais. Renouvelez l'opération avec le reste des meringues, en les réservant au frais au fur et à mesure.

À l'aide d'une spatule, recouvrez ensuite intégralement chaque duo de meringues avec le reste de ganache. Roulez-les délicatement dans des vermicelles de chocolat, de la noix de coco grillée ou du cacao en poudre. Réservez au moins 1 h au frais.

Mi-cuits

PRÉPARATION : 15 MIN - CUISSON : 12 MIN - REPOS : 1 H

POUR 8 PERSONNES

MATÉRIEL : Huit moules individuels en aluminium

200 g de chocolat noir • 200 g de beurre • 4 œufs • 4 jaunes d'œufs • 100 g de sucre semoule • 80 g de farine • 15 g de cacao en poudre non sucré • Fleur de sel

Hachez grossièrement le chocolat et placez-le dans un cul-de-poule. Ajoutez le beurre coupé en morceaux et faites fondre sur un bain-marie. Mélangez bien puis laissez tiédir à température ambiante.

Dans un autre cul-de-poule, fouettez les œufs avec les jaunes d'œufs, le sucre et une pincée de fleur de sel. Ajoutez la farine mélangée avec le cacao en poudre, mélangez. Pour finir, incorporez le mélange de chocolat et de beurre fondus.

Dès l'obtention d'une préparation homogène, remplissez presque à hauteur des petits moules en aluminium beurrés. Couvrez les moules de film alimentaire et déposez-les sur une plaque de cuisson. Réservez-les au moins 1 h au frais : vous pouvez également les préparer la veille, il vous suffira de les cuire au moment du service.

Peu avant de servir, préchauffez le four à 180 °C (th. 6).

Retirez le film alimentaire, puis enfournez pour 12 min environ : le pourtour des mi-cuits doit être bien pris et gonflé, le centre doit être encore très légèrement tremblotant. Découpez délicatement les moules en aluminium à l'aide de ciseaux, puis récupérez les mi-cuits à l'aide d'une spatule. Déposez-les sur des assiettes à dessert et servez sans tarder.

Si vous le souhaitez, déposez-les sur un lit de crème anglaise, ou accompagnez-les d'une boule de glace à la vanille.

Madeleines

PRÉPARATION : 15 MIN - CUISSON : 15 MIN - REPOS : 1 H 30 (IDÉALEMENT TOUTE UNE NUIT)

POUR 20 MADELEINES

MATÉRIEL : Un moule à madeleines

160 g de beurre • 150 g de farine • 100 g de sucre semoule • 100 g de pépites de chocolat noir • 80 g de vergeoise • 3 œufs • 1 jaune d'œuf • 40 g de miel • 15 g de cacao en poudre non sucré • 8 cl de crème liquide • 6 g de levure chimique • 2 g de bicarbonate de soude • Fleur de sel

Dans une petite casserole, faites fondre le beurre coupé en morceaux. Une fois fondu, faites-le cuire sur feu moyen jusqu'à ce qu'il prenne une belle couleur ambrée. Versez ce beurre noisette dans un cul-de-poule et ajoutez le miel. Mélangez bien, puis laissez refroidir à température ambiante.

Dans un cul-de-poule ou le bol d'un batteur, fouettez les œufs avec le jaune d'œuf, le sucre, la vergeoise et une pincée de fleur de sel. Ajoutez la farine mélangée avec le cacao, la levure et le bicarbonate. Mélangez jusqu'à l'obtention d'une préparation lisse, puis incorporez le beurre noisette froid, la crème, puis les pépites de chocolat. Mélangez rapidement jusqu'à l'obtention d'une pâte bien homogène. Couvrez de film alimentaire et réservez au moins 1 h au frais, idéalement toute une nuit.

Passé ce délai, préchauffez le four à 180 °C (th. 6).

Mélangez légèrement la pâte pour la détendre, puis remplissez aux trois quarts les empreintes d'un moule à madeleines. Enfournez pour 10 min environ.

Démoulez les madeleines dès leur sortie du four. Laissez-les refroidir sur une grille, ou dégustez-les encore tièdes.

Pour une version encore plus chocolatée, trempez-les dans du chocolat noir tempéré (voir méthode p. 13) lorsqu'elles sont bien froides.

Le conseil

Enfournez la pâte à madeleine lorsqu'elle est bien froide, le choc thermique favorise la formation de son joli dôme caractéristique.

Charlottes aux fraises

PRÉPARATION : 40 MIN - CUISSON : 20 MIN - REPOS : 4H30

POUR 4 PERSONNES

MATÉRIEL : Quatre cercles individuels à bord haut

Pour le biscuit : 125 g de sucre semoule • 5 œufs • 60 g de farine • 50 g de Maïzena • 15 g de cacao en poudre non sucré

Pour la crème : 150 g de chocolat noir • 100 g de pâte d'amandes (avec 50 % d'amandes) • 80 g de beurre • 50 g de sucre semoule • 25 g de Maïzena • 35 cl de lait • 4 jaunes d'œufs • 1 gousse de vanille

Pour la finition : 200 g de fraises • 30 g d'amandes effilées

Le biscuit : Tamisez la farine avec la Maïzena et le cacao en poudre. Cassez les œufs en séparant les jaunes des blancs.

Dans un cul-de-poule, fouettez les jaunes avec 25 g de sucre semoule. Dans un autre cul-de-poule ou le bol d'un batteur, fouettez les blancs à vitesse moyenne. Lorsqu'ils sont montés en neige, versez 100 g de sucre semoule et continuez à fouetter à vitesse rapide jusqu'à l'obtention de blancs en neige bien fermes.

Préchauffez le four à 190 °C (th. 6-7). Incorporez délicatement les jaunes dans les blancs en neige, en soulevant délicatement à l'aide d'une spatule. Toujours très délicatement, incorporez le mélange de poudres tamisées. Dès l'obtention d'une pâte homogène, versez-la en fine couche sur deux plaques tapissées de papier cuisson. Enfournez pour 10 min environ, puis laissez refroidir les plaques de biscuit à température ambiante.

La crème : Incisez la gousse de vanille sur sa longueur et prélevez ses graines. Coupez la pâte d'amandes en morceaux. Elle doit être molle : au besoin, faites-la légèrement tiédir pour la ramollir.

Dans un cul-de-poule, fouettez les jaunes d'œufs avec le sucre et la Maïzena. Dans une grande casserole, portez à ébullition le lait avec les graines de vanille. Versez un peu de ce lait bouillant sur les jaunes d'œufs, fouettez bien et reversez le tout dans la casserole. Portez de nouveau à ébullition en remuant sans cesse. Maintenez l'ébullition 5 min pour faire épaissir, sans cesser de fouetter. Dès l'obtention d'une crème pâtissière onctueuse, versez-la dans un cul-de-poule. Ajoutez-y les morceaux de pâte d'amandes et mélangez bien jusqu'à ce qu'ils soient parfaitement fondus dans la crème.

Hachez grossièrement le chocolat noir et placez-le dans un bol. Ajoutez le beurre coupé en morceaux, puis faites fondre sur un bain-marie. Laissez tiédir quelques minutes, puis incorporez dans la crème pâtissière, en mélangeant bien jusqu'à l'obtention d'une préparation lisse et homogène.

À l'aide d'un cercle individuel, détaillez huit disques dans une plaque de biscuit refroidie. Disposez les cercles sur un petit plat tapissé de papier cuisson, puis disposez un disque de biscuit au fond de chaque cercle. Détaillez l'autre plaque de biscuit en quatre bandes, puis chemisez-en la paroi intérieure des cercles.

Versez un peu de crème chocolat et amandes au fond des cercles. Recouvrez délicatement avec les disques de biscuit restants : recoupez-les légèrement à l'aide d'un couteau pour réduire leur diamètre et leur permettre de bien se glisser. Versez enfin de la crème jusqu'à hauteur du cercle, puis réservez 4 h au frais. Au moment de servir, démoulez délicatement les charlottes puis disposez harmonieusement les fraises. Décorez d'amandes effilées et dégustez bien frais. Vous pouvez également réaliser ces charlottes avec des framboises, un mélange de fruits rouges, ou encore des tranches de poires cuites dans un sirop puis disposées en rosace.

Spéculoos

PRÉPARATION : 20 MIN - CUISSON : 10 MIN - REPOS : 1 H 30

POUR 15 SPÉCULOOS

200 g de farine • 125 g de beurre mou • 120 g de cassonade • 75 g de vergeoise • 50 g de poudre d'amandes • 1 œuf • 25 g de miel • 25 g de cacao en poudre non sucré • 2 cuil. à soupe de lait • 5 g de bicarbonate de soude • 4 g de cannelle moulue • 2 g de gingembre moulu • 1 g de poivre • 1 g de fleur de sel • Grué de cacao (facultatif)

Dans un cul-de-poule ou le bol d'un batteur, mélangez le beurre mou coupé en morceaux avec la cassonade, la vergeoise et le miel.

Ajoutez la farine mélangée avec la poudre d'amandes, le cacao, le bicarbonate, les épices et la fleur de sel. Mélangez rapidement jusqu'à l'obtention d'une pâte homogène.

Incorporez l'œuf puis le lait. Mélangez rapidement pour obtenir une boule de pâte homogène. Enveloppez-la de film alimentaire et réservez-la au moins 1 h au frais.

Passé ce délai, préchauffez le four à 170 °C (th. 5-6).

À l'aide d'un rouleau, étalez la pâte entre deux feuilles de papier cuisson. Détaillez-la en rectangles à l'aide d'un emporte-pièce ou d'un couteau, puis disposez-les sur une plaque tapissée de papier cuisson. Si vous le souhaitez, parsemez-les de grué de cacao.

Enfournez pour 10 min environ, puis laissez refroidir les spéculoos sur une grille.

Petites Forêts noires

PRÉPARATION : 40 MIN - REPOS : UNE NUIT+1 H - CUISSON : 15 MIN

POUR 6 PERSONNES

MATÉRIEL : Six verrines • Un emporte-pièce rond du même diamètre que les verrines

Pour le biscuit : 5 œufs • 150 g de farine • 125 g de cassonade • 100 g de pâte d'amandes (avec 50% d'amandes) • 75 g de beurre • 30 g de cacao en poudre non sucré

Pour la chantilly : 30 cl de crème • 200 g de chocolat noir • 50 g de sucre semoule • 2 g de gélatine (1 feuille) • 1 gousse de vanille

Pour la finition : 1 grand bocal de griottes au sirop • 100 g de chocolat noir (pour la finition) • Quelques griottes confites (pour la finition, facultatif)

La veille, préparez la ganache pour la chantilly : Faites ramollir la gélatine dans un bol d'eau froide.

Incisez la gousse de vanille et prélevez ses graines.

Hachez grossièrement le chocolat et placez-le dans un cul-de-poule.

Dans une casserole, portez à ébullition la crème mélangée avec le sucre et les graines de vanille. Versez-la sur le chocolat et ajoutez la gélatine bien essorée. Mélangez bien en partant du centre, jusqu'à l'obtention d'une ganache bien lisse et homogène. Laissez-la refroidir à température ambiante, puis couvrez-la de film alimentaire et réservez-la toute une nuit au frais.

Le jour même, préparez le biscuit : Dans un bol, faites fondre le beurre coupé en morceaux, puis laissez-le refroidir.

Coupez la pâte d'amandes en morceaux. Elle doit être bien molle : au besoin, faites-la légèrement tiédir pour la ramollir.

Préchauffez le four à 175 °C (th. 5-6).

Dans un cul-de-poule ou le bol d'un batteur, mélangez la pâte d'amandes avec la cassonade jusqu'à obtenir un mélange homogène. Ajoutez les œufs un par un, en les incorporant bien au fur et à mesure. Ajoutez le beurre fondu et froid, mélangez bien. Pour finir, incorporez la farine mélangée avec le cacao. Mélangez rapidement jusqu'à l'obtention d'une pâte homogène. Étalez-la sur une plaque tapissée de papier cuisson, puis enfournez pour 10 min environ. Laissez refroidir le biscuit sur une grille.

Lorsque le biscuit est bien froid, placez la ganache dans un cul-de-poule ou le bol d'un batteur. Fouettez quelques minutes à vitesse rapide jusqu'à obtenir une ganache montée, avec une texture à la fois crémeuse et légère.

À l'aide d'un emporte-pièce, détaillez 12 disques de biscuit au diamètre des verrines.

Égouttez les griottes et récupérez leur sirop dans un bol.

Trempez rapidement les disques de biscuit dans le sirop des griottes. Placez un disque au fond de chaque verrine, puis recouvrez-les d'une couche de chantilly. Répartissez les griottes (réservez-en quelques-unes pour la finition), puis recouvrez d'un peu de chantilly. Disposez un second disque de biscuit dans chaque verrine, puis terminez par une couche de chantilly. Réservez au moins 30 min au frais.

Juste avant de servir, décorez généreusement de copeaux de chocolat noir et éventuellement de quelques griottes confites.

Macarons à la fleur de sel

PRÉPARATION : 40 MIN - CUISSON : 25 MIN - REPOS : 30 MIN + 1 NUIT

POUR 20 MACARONS ENV.

MATÉRIEL : Un thermomètre à sucre • Une poche à douille • Une douille unie

Pour les coques : 150 g de sucre glace • 150 g de poudre d'amandes • 140 g de sucre semoule (+ 1 cuil. à soupe) • 4 blancs d'œufs • 3 g de colorant naturel marron en poudre

Pour la ganache : 250 g de chocolat noir • 18 cl de crème liquide • 80 g de beurre mou • 50 g de miel • 2 g de fleur de sel

La ganache : Hachez grossièrement le chocolat et placez-le dans un cul-de-poule.

Dans une casserole, portez à ébullition la crème liquide avec le miel et la fleur de sel. Versez-la en trois fois sur le chocolat : mélangez délicatement en partant du centre jusqu'à l'obtention d'une ganache lisse et onctueuse. Laissez-la légèrement tiédir, puis ajoutez le beurre mou coupé en morceaux. Laissez refroidir à température ambiante, en remuant régulièrement.

Les coques : Dans un cul-de-poule, mélangez le sucre glace avec la poudre d'amandes, deux blancs d'œufs et le colorant en poudre.

Dans une petite casserole, mélangez 140 g de sucre avec 4 cl d'eau. Faites cuire jusqu'à atteindre la température de 117 °C (vérifiez à l'aide d'un thermomètre à sucre). Pendant ce temps, montez deux blancs d'œufs avec une cuillerée à soupe de sucre dans le bol d'un batteur : ils doivent être fermes lorsque le sirop est prêt.

Dès que le sirop atteint 117 °C, versez-le en filet sur les blancs d'œufs montés, sans cesser de fouetter. Continuez à fouetter jusqu'à obtenir une meringue bien brillante.

À l'aide d'une spatule, incorporez-la délicatement et en deux fois dans le mélange à la poudre d'amandes. « Macaronnez » légèrement : soulevez délicatement à l'aide d'une spatule, en faisant tourner le cul-de-poule, jusqu'à ce que la meringue retombe légèrement et devienne bien brillante.

Préchauffez le four à 160 °C (th. 5).

À l'aide d'une poche munie d'une douille unie, déposez des petits tas de pâte réguliers et suffisamment espacés (environ 1,5 cm) sur une plaque tapissée de papier cuisson. Tapotez légèrement la plaque sur le plan de travail pour faire s'évacuer les éventuelles bulles d'air. Enfournez pour 12 min environ. Laissez refroidir les coques sur une grille, puis décollez-les délicatement du papier cuisson.

Vérifiez la ganache : elle doit être bien froide et avoir la consistance d'un beurre à tartiner. Si elle est trop liquide, placez-la quelques minutes au frais.

Lorsque les coques sont bien froides et que la ganache est à la bonne consistance, versez-la dans une poche munie d'une douille unie. Déposez une noix de ganache au centre de la moitié des coques, puis refermez avec les coques restantes. Pressez très légèrement dans un mouvement circulaire pour bien souder les macarons et faire en sorte que la ganache parvienne jusqu'au bord des coques.

Réservez une nuit au frais.

Amandines aux griottes

PRÉPARATION : 25 MIN - CUISSON : 25 MIN - REPOS : 45 MIN

POUR 6 TARTELETTES

Pour la pâte : 140 g de farine • 100 g de beurre à température ambiante • 60 g de sucre glace • 2 jaunes d'œufs • 50 g de poudre d'amandes • 20 g de cacao en poudre non sucré • 2 g de levure chimique • Sel

Pour la garniture : 100 g de poudre d'amandes • 100 g de sucre glace • 10 cl de crème liquide • 15 g de Maïzena • 2 œufs • 2 cuil. à soupe de cacao en poudre non sucré • 1 petit bocal de griottes au sirop • 60 g d'amandes effilées

La pâte : Dans un cul-de-poule ou le bol d'un batteur, mélangez le beurre coupé en morceaux avec le sucre glace. Ajoutez les jaunes d'œufs, mélangez bien. Incorporez la farine mélangée avec la poudre d'amandes, le cacao, la levure et une pincée de sel. Pétrissez rapidement jusqu'à l'obtention d'une boule de pâte homogène. Enveloppez-la de film alimentaire et réservez-la au moins 30 min au frais.

Passé ce délai, étalez finement la pâte entre deux feuilles de papier cuisson. Foncez six moules à tartelettes préalablement beurrés, piquez la pâte à l'aide d'une fourchette, puis réservez 15 min au congélateur.

La garniture aux amandes : Mélangez les œufs avec le sucre glace. Incorporez la poudre d'amandes mélangée avec la Maïzena et le cacao en poudre. Incorporez la crème liquide et mélangez bien jusqu'à l'obtention d'une préparation lisse et homogène.

Préchauffez le four à 175 °C (th. 5-6).

Versez la garniture aux amandes sur les fonds de pâte. Égouttez soigneusement les griottes puis répartissez-les sur les tartelettes. Parsemez d'amandes effilées et enfournez pour 25 min environ.

Le conseil

Si vous le souhaitez, ajoutez 1 pointe de couteau d'amande amère ou 1 cuillère à soupe d'amaretto dans la garniture aux amandes.

Riz au lait crémeux aux agrumes et aux pistaches

PRÉPARATION : 30 MIN - CUISSON : 30 MIN - REPOS : 30 MIN

POUR 4 PERSONNES

***MATÉRIEL**: 4 verrines*

Pour le riz au lait : 180 g de riz rond • 40 cl de lait • 35 cl de crème liquide • 75 g de sucre semoule • 50 g d'éclats de pistaches grillés • 25 g de zeste d'orange confite • 25 g de zeste de citron confit • 1 gousse de vanille

Pour le lit de chocolat : 15 cl de crème liquide • 100 g de chocolat noir • 25 g de beurre

Le lit de chocolat : Hachez grossièrement le chocolat et placez-le dans un cul-de-poule.

Dans une casserole, portez à ébullition la crème liquide. Versez-la sur le chocolat et mélangez délicatement en partant du centre. Dès l'obtention d'une ganache lisse et homogène, ajoutez le beurre coupé en dés. Mélangez bien, puis répartissez au fond de quatre verrines. Réservez-les au moins 30 min au frais.

Le riz au lait : Incisez la gousse de vanille sur sa longueur et prélevez ses graines. Hachez les zestes d'orange et de citron confits en tout petits dés. Dans une casserole, mélangez le lait avec 20 cl de crème liquide, le sucre et les graines de vanille. Portez à ébullition, puis versez le riz. Laissez cuire 20 à 25 min à frémissement, en remuant de temps en temps. Le riz est prêt lorsqu'il a absorbé une grande partie des liquides et que vous obtenez un riz au lait onctueux. Vérifiez sa cuisson et prolongez-la si nécessaire de quelques minutes sur feu doux. Retirez le riz au lait du feu et laissez-le refroidir à température ambiante, en remuant de temps en temps.

Pendant ce temps, montez 15 cl de crème liquide en crème fouettée bien ferme. Lorsque le riz au lait est presque froid, incorporez délicatement à l'aide d'une spatule la crème fouettée, les dés de zestes et les éclats de pistaches (gardez-en un peu pour la finition).

Garnissez les verrines de riz au lait, décorez de zeste d'agrumes confits et d'éclats de pistaches.

Éclairs

PRÉPARATION : 1 H - CUISSON : 50 MIN - REPOS : 2 H

POUR 15 ÉCLAIRS

MATÉRIEL: Une poche à douille • Une douille unie de gros diamètre • Une douille unie de petit diamètre

Pour la pâte : 115 g de farine • 90 g de beurre • 3 gros œufs (+ 1 pour la dorure) • 10 cl de lait • 40 g de sucre semoule • 10 g de cacao en poudre non sucré • Sel

Pour la crème : 50 cl de lait • 180 g de chocolat noir 75 % • 1 œuf • 2 jaunes d'œufs • 60 g de sucre semoule • 50 g de poudre à crème (à défaut, de la Maïzena) • 30 g de beurre • 15 g de cacao en poudre non sucré • Fleur de sel • 1 gousse de vanille

Pour le glaçage : 100 g de chocolat noir • 125 g de sucre semoule • 10 cl de lait • 12 cl de crème liquide • 10 g de Maïzena • 4 g de gélatine (2 feuilles) (voir recette p. 20)

Pour la finition : Grué de cacao (facultatif)

La crème : Hachez le chocolat et placez-le dans un cul-de-poule. Ajoutez le cacao et une pincée de fleur de sel. Incisez la gousse de vanille sur sa longueur et prélevez ses graines. Dans une casserole, faites chauffer le lait avec les graines de vanille.

Dans un cul-de-poule, fouettez l'œuf, les jaunes d'œufs et le sucre. Ajoutez la poudre à crème et fouettez bien. Versez un peu de lait chaud sur ce mélange, fouettez pour bien le délayer, puis reversez le tout dans la casserole. Portez lentement à ébullition pour faire épaissir, sans cesser de remuer. Dès l'obtention d'une crème pâtissière bien onctueuse, versez-la sur le chocolat haché et le cacao. Mélangez bien jusqu'à l'obtention d'une crème homogène. Laissez légèrement tiédir, puis ajoutez le beurre coupé en dés. Mélangez bien, puis couvrez de film alimentaire au contact de la crème. Réservez au moins 2 h au frais.

Pendant ce temps, préparez le glaçage à partir de la recette p. 20.

La pâte : Dans une grande casserole, portez à ébullition le lait avec 10 cl d'eau, le beurre coupé en morceaux, le sucre et une pincée de sel. Retirez du feu et ajoutez en une fois la farine mélangée avec le cacao. Remuez à l'aide d'une spatule en bois jusqu'à l'obtention d'une pâte homogène. Replacez sur feu doux et faites sécher la pâte sans cesser de mélanger. Lorsqu'elle se détache bien des parois, versez la pâte dans un cul-de-poule ou le bol d'un batteur. Ajoutez les trois œufs un par un, en les incorporant bien au fur et à mesure. Dès l'obtention d'une pâte bien lisse, versez-la dans une poche munie d'une douille unie (gros diamètre).

Préchauffez le four à 180 °C (th. 6).

Sur une plaque tapissée de papier cuisson, dressez des boudins de pâte réguliers de 10 cm environ. À l'aide d'un pinceau, badigeonnez-les d'œuf battu. Enfournez pour 30 à 35 min environ. Lorsqu'ils sont bien cuits, laissez-les sécher 5 min dans le four avec la porte ouverte, puis laissez-les refroidir sur une grille.

Lorsque les éclairs et la crème sont bien froids, procédez au garnissage : à l'aide d'une petite douille, creusez deux trous sous chaque éclair. Versez la crème pâtissière dans une poche munie de cette petite douille, puis garnissez les éclairs en veillant à bien les remplir jusqu'aux extrémités.

À l'aide du doigt ou d'une spatule, étalez une couche de glaçage sur le dessus de chaque éclair. Parsemez si vous le souhaitez de grué de cacao, puis réservez au frais.

Biscuits linzer au praliné

PRÉPARATION : 30 MIN - CUISSON : 15 MIN - REPOS : 1 H 30

POUR 15 BISCUITS ENV.

MATÉRIEL : Un emporte-pièce rond (ou un cercle individuel)

150 g de farine • 140 g de beurre mou • 100 g de noisettes en poudre • 40 g de cassonade • 25 g de sucre glace • 2 jaunes d'œufs (+ 1 pour la dorure) • 1 cuil. à soupe de cacao en poudre non sucré • 4 g de levure chimique • 1 gousse de vanille • 5 g de cannelle en poudre • 1 g de gingembre en poudre • Sel • 200 g de pâte à tartiner au chocolat noir, idéalement maison (recette p. 28)

Incisez la gousse de vanille sur sa longueur et prélevez ses graines.

Détaillez le beurre mou en morceaux. Dans un cul-de-poule ou le bol d'un batteur, mélangez-le avec le sucre glace, la cassonade et les graines de vanille. Ajoutez les jaunes d'œufs et mélangez bien.

Incorporez la farine mélangée avec la poudre de noisettes, le cacao en poudre, la levure, la cannelle, le gingembre et une pincée de sel. Pétrissez rapidement jusqu'à l'obtention d'une boule de pâte homogène. Enveloppez-la de film alimentaire et réservez-la 1 h au frais.

Passé ce délai, préchauffez le four à 175 °C (th. 5-6).

À l'aide d'un rouleau, étalez la pâte entre deux feuilles de papier cuisson. Détaillez-la en trente disques à l'aide d'un emporte-pièce, puis disposez-les sur deux plaques tapissées de papier cuisson. À l'aide d'un pinceau, badigeonnez-les de jaune d'œuf.

Enfournez pour 13 à 15 min, jusqu'à ce que les biscuits soient bien dorés. Laissez-les refroidir sur une grille.

Lorsqu'ils sont bien froids, garnissez la moitié des biscuits d'une belle noix de pâte à tartiner. Recouvrez avec les biscuits restants, en pressant légèrement dans un mouvement rotatif pour bien les souder. Au besoin, placez les biscuits fourrés quelques minutes au frais pour raffermir la pâte à tartiner.

Crumbles de poires aux amandes

PRÉPARATION : 25 MIN - CUISSON : 20 MIN - REPOS : 30 MIN

POUR 6 CRUMBLES

4 poires • 140 g de beurre mou • 130 g de sucre semoule (+ 2 cuil. à soupe) • 115 g de farine • 80 g d'amandes effilées • 100 g de chocolat noir • 75 g de poudre d'amandes • 25 g de cacao en poudre non sucré • 1 gousse de vanille • Fleur de sel

La pâte à crumble : Dans un cul-de-poule ou le bol d'un batteur, mélangez le beurre mou coupé en morceaux avec le sucre et une pincée de fleur de sel.

Ajoutez la farine mélangée avec la poudre d'amandes, le cacao en poudre et les amandes effilées. Pétrissez rapidement jusqu'à l'obtention d'une pâte homogène avec des éclats d'amandes effilées. Formez une boule, enveloppez-la de film alimentaire, puis réservez-la 40 min au congélateur.

Incisez la gousse de vanille sur sa longueur et prélevez ses graines.

Épluchez les poires, épépinez-les et détaillez-les en petits dés. Dans un bol, mélangez-les avec deux cuillères à soupe de sucre et les graines de vanille. Réservez 30 min au frais.

Passé ce délai, préchauffez le four à 180 °C (th. 6).

Égouttez les dés de poires et répartissez-les au fond de 6 ramequins. Hachez grossièrement le chocolat noir pour obtenir des pépites, puis parsemez-en les poires.

À l'aide d'un grand couteau, hachez grossièrement le crumble bien froid. Répartissez généreusement ces petits dés de crumble sur les ramequins, sans tasser. N'hésitez pas à former une couche bien épaisse et bombée, les pépites de chocolat doivent être parfaitement recouvertes. Enfournez pour 20 min environ.

Rochers pralinés

PRÉPARATION : 1 H - CUISSON : 10 MIN - REPOS : 1 H 30

POUR 20 ROCHERS

MATÉRIEL : Un cadre de 2 cm de hauteur • Une feuille guitare (à défaut, du papier cuisson) • Une fourchette pour tremper (facultatif)

300 g de chocolat noir de couverture • 250 g de sucre glace • 200 g de chocolat au lait • 200 g de noisettes entières • 100 g d'amandes entières • 125 g de crêpes dentelle • 100 g d'éclats de noisettes grillés

Torréfiez les noisettes et les amandes 10 min dans un four à 180 °C (th. 6), puis laissez-les refroidir.

Écrasez les crêpes dentelle dans un bol.

Hachez grossièrement le chocolat au lait, placez-le dans un bol, puis faites-le fondre sur un bain-marie. Laissez-le légèrement tiédir pour qu'il descende aux alentours de 45 °C.

Lorsqu'elles sont bien froides, broyez les amandes et les noisettes dans le bol d'un robot jusqu'à l'obtention d'une pâte lisse. Ajoutez le sucre glace, mélangez bien.

Pesez 400 g de cette pâte de fruits secs et laissez-la refroidir dans un cul-de-poule : elle doit idéalement descendre à la température de 17 °C. Si vous travaillez dans une pièce chaude, placez-la au besoin quelques minutes au frais.

Ajoutez ensuite le chocolat au lait fondu (à 45 °C environ) dans la pâte de fruits secs, et mélangez (sans fouetter) jusqu'à l'obtention d'une pâte bien lisse. Incorporez les éclats de crêpes dentelle. Le gianduja obtenu doit avoir une consistance crémeuse mais relativement ferme, un peu comme celle d'un beurre à tartiner. S'il est trop liquide, placez-le quelques minutes au frais en remuant très régulièrement.

Posez un cadre sur une plaque tapissée de papier cuisson. À l'aide d'une spatule, étalez le gianduja dans le cadre et lissez la surface. Réservez 1 h à température ambiante, dans une pièce fraîche.

Pendant ce temps, procédez au tempérage du chocolat de couverture selon la méthode décrite p. 13. Ajoutez les éclats de noisettes grillées et mélangez.

Retirez le cadre autour du gianduja, puis détaillez-le en cubes.

À l'aide d'une fourchette, trempez chaque cube de gianduja dans le chocolat tempéré. Tapotez légèrement la fourchette sur le bord du cul-de-poule pour éliminer l'excédent de chocolat, puis déposez délicatement le rocher sur une feuille guitare. Procédez de même avec le reste des cubes de gianduja. Au cours de l'enrobage, contrôlez régulièrement la température du chocolat : maintenez-la toujours entre 30 et 31 °C en plaçant de temps en temps le cul-de-poule sur le bain-marie.

Laissez durcir les rochers à température ambiante. Si le chocolat a bien été tempéré, ils seront croquants et bien brillants en quelques minutes seulement.

Muffins aux marrons et noisettes

PRÉPARATION : 15 MIN - CUISSON : 20 MIN

POUR 15 MUFFINS

MATÉRIEL : Une plaque pour muffins • Quinze caissettes en papier

200 g de crème de marrons • 4 gros œufs • 160 g de poudre de noisettes • 140 g de farine • 100 g de chocolat au lait • 80 g de pépites de chocolat au lait • 80 g d'éclats de noisettes grillés • 60 g de beurre • 40 g de cassonade • 120 g de miel (ou de sirop d'érable, selon vos goûts) • 5 cl d'huile • 11 g de levure chimique • 1 cuil. à soupe de vanille naturelle liquide • Sel

Hachez grossièrement le chocolat, puis placez-le dans un cul-de-poule. Ajoutez le beurre coupé en morceaux, l'huile et la vanille liquide. Faites fondre sur un bain-marie.

Lorsque le mélange est bien fondu, retirez-le du bain-marie et incorporez la crème de marrons. Laissez tiédir à température ambiante.

Dans un cul-de-poule ou le bol d'un batteur, fouettez les œufs avec la cassonade et le miel. Incorporez le premier mélange tiède.

Incorporez ensuite la farine mélangée avec la poudre de noisettes, la levure et une pincée de sel. Mélangez rapidement jusqu'à l'obtention d'une préparation homogène.

Pour finir, incorporez les éclats de noisettes (réservez-en un peu pour la finition) et les pépites de chocolat.

Préchauffez le four à 175 °C (th. 5-6).

Disposez les caissettes en papier dans les empreintes de la plaque pour muffins. Répartissez la pâte dans les caissettes, aux trois quarts de leur hauteur. Parsemez du reste d'éclats de noisettes et enfournez pour 15 à 20 min : vérifiez la cuisson en plantant la pointe d'un couteau au centre d'un muffin, elle doit ressortir sèche.

Petits pots de crème à la menthe fraîche

PRÉPARATION : 20 MIN - CUISSON : 5 MIN - REPOS : 1 H 15

POUR 8 PERSONNES

200 g de chocolat noir • 150 g de chocolat au lait • 30 cl de lait • 20 cl de crème liquide • 5 jaunes d'œufs • 60 g de sucre • 20 g de beurre • 1 botte de menthe fraîche • 1 gousse de vanille

Effeuillez la menthe.

Dans une casserole, portez à ébullition la crème avec les feuilles de menthe. Laissez infuser 15 min à température ambiante.

Pendant ce temps, hachez grossièrement les deux chocolats et placez-les dans un cul-de-poule.

Incisez la gousse de vanille sur sa longueur et prélevez ses graines.

Dans un bol, fouettez les jaunes d'œufs avec le sucre.

Reversez la crème infusée dans une casserole à travers une passoire (pour éliminer les feuilles de menthe). Ajoutez le lait et les graines de vanille, puis faites chauffer. Versez un peu de ce liquide chaud sur le mélange aux œufs, fouettez bien, puis reversez le tout dans la casserole. Faites cuire sur feu doux sans cesser de remuer et sans atteindre l'ébullition. Dès l'obtention d'une crème anglaise nappante, versez-la sur les chocolats. Mélangez délicatement jusqu'à obtenir une crème bien lisse et homogène, puis incorporez le beurre.

Répartissez aussitôt dans des petits pots individuels, et réservez-les au moins 1 h au frais. Dégustez bien frais.

Cookies aux deux chocolats

PRÉPARATION : 20 MIN - CUISSON : 10 MIN - REPOS : 1 H

POUR ENV. 20 COOKIES

140 g de farine • 110 g de beurre mou • 110 g de cassonade • 3 jaunes d'œufs • 80 g de chocolat noir • 80 g de chocolat au lait • 50 g de pâte d'amandes • 15 g de cacao en poudre non sucré • 7 g de levure chimique • Fleur de sel

Coupez la pâte d'amandes en morceaux. Elle doit être bien molle : au besoin, faites-la légèrement tiédir pour la ramollir.

Hachez grossièrement les deux chocolats pour obtenir des pépites.

Dans un cul-de-poule ou le bol d'un batteur, fouettez le beurre mou coupé en morceaux avec la cassonade. Incorporez les jaunes d'œufs un par un. Ajoutez la pâte d'amandes et mélangez bien jusqu'à l'obtention d'une préparation homogène. Ajoutez la farine mélangée avec le cacao, la levure et une pincée de fleur de sel. Pétrissez rapidement jusqu'à l'obtention d'une pâte homogène. Incorporez pour finir les pépites de chocolats.

Formez une boule de pâte, enveloppez-la de film alimentaire et réservez-la au moins 1 h au frais.

Passé ce délai, préchauffez le four à 175 °C (th. 5-6). Détaillez la pâte en boules de même taille. Aplatissez-les sur une plaque tapissée de papier cuisson, puis enfournez pour 8 à 10 min environ. Laissez les cookies refroidir sur une grille.

À chaque recette, sa tablette

Comment acheter et conserver ses tablettes

LES GONDOLES DES GRANDES SURFACES CROULENT SOUS DES AVALANCHES DE TABLETTES ET DE BARRES CHOCOLATÉES. COMMENT S'Y RECONNAÎTRE DANS CETTE JUNGLE QUI A SOUVENT POUR MAÎTRE MOT : CAPTER LE GOURMAND QUI SOMMEILLE EN CHACUN DE NOUS ?

L'ACHAT DU CHOCOLAT

Les types de tablette

En matière de chocolat noir, il faut distinguer :

• Les tablettes où seul le pourcentage est indiqué.

Il s'agit de tablettes réalisées à partir d'un assemblage de plusieurs origines de cacao, destinées à la dégustation, ce qui ne présage en rien de leur qualité. Contrairement aux assertions des campagnes publicitaires de marques connues, un fort taux de cacao n'est pas garant d'une saveur exceptionnelle. Au-delà de 60 % de cacao (les 40 % restants sont du sucre avec en général 0,50 % de lécithine), la qualité des fèves s'avère primordiale. Il est courant de trouver chez les artisans chocolatiers ou dans certaines marques bio, des tablettes, ne dépassant guère les 60 % de cacao et possédant de fabuleuses notes chocolatées. En corollaire, un chocolat à 85 % de cacao n'est pas nécessairement amer si les fèves utilisées sont issues de cacaoyers aromatiques.

• Les tablettes où figurent une origine et/ou un nom de plantation. Elles sont composées d'une seule origine de fèves et développent une palette aromatique typée avec des notes de fleurs, de fruits ou d'épices.

• Les tablettes dessert, à cuisiner ou à pâtisser. De format généreux (souvent entre 200 et 250 g), leur qualité et leur taux de cacao ont progressé depuis ces vingt dernières années. Il faut cependant garder à l'esprit que corsé ne rime pas avec amer. L'amertume provient souvent d'une torréfaction excessive de fèves de qualité médiocre.

• Les tablettes à inclusions (noisette, amandes, éclats de fèves) et les tablettes fourrées. Pour les premières, la saveur joue aussi sur la qualité et la fraîcheur des fruits secs utilisés. Les tablettes fourrées, dédiées à la gourmandise, se permettent toutes les fantaisies – le chocolat ne devenant plus qu'un prétexte. Les tablettes dites «création» présentent globalement un faible taux de cacao. Addicts au cacao s'abstenir! Ces types de produits s'apparentent plus à une friandise qu'à un chocolat.

La gamme des chocolats au lait est moins riche que celle des chocolats noirs, à l'exception des tablettes au lait fantaisie:

• Les chocolats au lait affichent rarement leur pourcentage de cacao, à moins qu'il ne soit exceptionnel. Pour avoir droit à la dénomination chocolat «extra fin» ou «de dégustation», il suffit que le chocolat contienne 30% de cacao et 18% de lait ou dérivés (en poudre). Dans les grandes surfaces, les industriels mettent en valeur le côté «fondant» ou «extra-fondant» du lait. Il ne s'agit que d'un argument commercial non encadré par la législation. En chocolaterie et boutiques spécialisées, la tendance est au chocolat au lait à fort pourcentage de cacao (entre 45 et 60% de cacao). Le résultat est à la fois corsé et crémeux, avec de généreuses notes de caramel. Il s'agit souvent de chocolat d'origine ou de crus.

• Il existe aussi quelques références de chocolat industriel en matière de tablettes dessert ou à pâtisser. Dans le cas du chocolat au lait, les tablettes dessert des PME travaillant à partir des fèves présentent des pourcentages de cacao plus élevés, elles sont donc moins sucrées et plus riches en arômes.

• Les tablettes au lait ont toujours été synonymes d'enfance et de plaisir sucré. Elles sont donc largement déclinées dans la gamme des tablettes à inclusion de fruits secs ou de céréales, fourrées ou feuilletées.

Le chocolat blanc ne comporte que la partie grasse des fèves de cacao et contient au minimum 20% de beurre de cacao. Souvent élaboré à partir de beurre de cacao désodorisé, il doit sa saveur au lait, au sucre et aux ingrédients qui lui sont ajoutés (noix de coco, biscuits, fruits secs). Il a donc la texture du chocolat, mais pas son goût, sauf dans de rares références (par exemple, en bio).

Les indices de qualité

Il est indispensable de lire avec soin le verso de l'emballage. Il vous donnera des indications précieuses sur la qualité du produit:

• Les ingrédients sont toujours classés du plus important en quantité au plus petit. Si le sucre arrive, par exemple, en premier, c'est qu'il est majoritaire dans la tablette.

• Pour les tablettes de chocolat noir nature, la liste des ingrédients doit être la plus courte possible : du cacao (ou des fèves de cacao ou de la pâte de cacao), du sucre, du beurre de cacao, éventuellement de la lécithine. Cet ingrédient n'est pas nocif en soi, bien au contraire. La lécithine est indispensable à la vie humaine. Produite par le foie, elle se trouve en abondance dans notre système nerveux et notre cerveau. Mais l'existence de soja transgénique a jeté le doute sur la lécithine incorporée usuellement dans le chocolat. Pour couper court à toute suspicion, les chocolatiers ont de plus en plus recours à la lécithine de tournesol. Certains précisent que la lécithine employée est sans OGM, d'autres encore n'utilisent pas de lécithine. Pour les tablettes de chocolat au lait nature, la liste des ingrédients doit être également concise. Les ingrédients nécessaires sont ceux du chocolat noir, plus de la poudre de lait entier ou non.

Attention, l'ajout de poudre de cacao dans un chocolat noir trahit le manque flagrant d'arômes des fèves utilisées. Il confère au chocolat une amertume sans finesse et altère la texture qui devient poudreuse.

• Le logo « Pur beurre de cacao » est un indice de qualité. La mention « contient des MGV autres que du beurre de cacao » indique l'emploi de l'une des six matières grasses végétales autorisées par la directive du 23 juin 2000 à hauteur de 5 % du chocolat. Parmi celles-ci, l'huile de palme apparaît grande favorite des industriels, car elle est bien meilleur marché que le beurre de cacao, même si elle n'offre pas les mêmes atouts nutritionnels. L'huile de palme renferme, en effet, 50 % d'acides gras saturés, favorables au développement d'un « mauvais » cholestérol. Son point de fusion est supérieur à celui du beurre de cacao, ce qui influe défavorablement sur le fondant du chocolat. En 2016, les matières grasses utilisées dans le chocolat sortiront de l'anonymat et apparaîtront nommément sur l'étiquetage.

Il est possible que la liste d'ingrédients d'un chocolat noir mentionne du beurre. Celui-ci échappe à la réglementation sur les MGV et n'altère pas la saveur de la tablette, mais suggère un souci de rentabilité de la part du fabricant, supérieur à la logique du produit (il est cohérent de n'utiliser que le beurre de cacao, celui-ci étant naturellement contenu dans les fèves de cacao).

• La vanille arrondit traditionnellement la saveur d'un chocolat amer. Les tablettes haut de gamme contiennent de la vanille en gousse, de l'extrait de vanille ou pas de vanille du tout.

> ### Utile à savoir
> Le parfum et la saveur de la vanille sont dûs à la présence d'une grande quantité de vanilline (jusqu'à 70 %). La molécule de vanilline, très courante dans la nature, est utilisée par les industriels en substitut de la vanille en raison de son faible coût. La mention « arôme naturel vanille » indique non pas la présence de vanille naturelle, mais celle de vanilline extraite d'un produit naturel tel que la betterave! « Arôme », sans autre précision, sous-entend « obtenu par synthèse ». Les arômes de synthèse n'ont pas la finesse et la complexité d'un arôme naturel. Ils n'utilisent qu'un petit nombre de molécules aromatiques, leur principal intérêt étant un prix bas.

LE LABEL BIOLOGIQUE ET LES FILIÈRES ÉQUITABLES

Histoire du label bio

Depuis 2009, le label « Agriculture Biologique » est régulé par la Directive de l'Union européenne CE/ 2092/91. Le logo français AB surmonté d'une petite feuille verte est progressivement remplacé par le logo européen, vert lui aussi, et reprenant la couronne d'étoiles du drapeau européen.

Mal perçus dans leurs débuts par les consommateurs français et distribués exclusivement en magasins bio pour une clientèle engagée, les chocolats biologiques ont effectué une percée remarquable depuis le troisième millénaire.

LA CONSERVATION DES TABLETTES

Durée de vie

La DLUO (date limite d'utilisation optimale ou consommation optimale) du chocolat noir, lait et blanc des tablettes a été portée à 18 mois. Cette durée reste à moduler. En effet, au bout d'un an le chocolat voit ses qualités organoleptiques diminuer inexorablement. Peu à peu, sa texture devient plus sèche et plus friable. Ses arômes s'affadissent, surtout dans le cas des tablettes d'origine ou de crus.

Température et humidité

Une température de 20° convient parfaitement pour des tablettes destinées à une consommation rapide. Les professionnels conservent leur chocolat entre 15 et 16°. Suivez leur exemple pour une conservation prolongée et placez vos tablettes dans un endroit frais et surtout sec. Le sucre contenu dans le chocolat pompe l'eau de l'air ambiant et finit par remonter à la surface de la tablette en marbrures blanchâtres.

Le chocolat pur beurre de cacao craint également la chaleur. Son émulsion se décompose à partir de 30 °C, température à laquelle le beurre de cacao commence à fondre. Il craint également le rayonnement direct du soleil, même à une température ambiante de 20 °C. Ne laissez donc jamais une tablette, même fermée dans son emballage et en intérieur, sur une table exposée au rayonnement solaire.

En cas de température excessive, le beurre de cacao migre en surface. Mis au frais, il se solidifie à nouveau et réapparaît en surface sous la forme d'un voile blanc. Le chocolat devient sec et pâteux. Il ne vous reste plus qu'à l'utiliser en pâtisserie.

Chocolat et réfrigérateur

En cas de canicule et sans cave fraîche où abriter vos tablettes, il ne vous reste plus qu'à recourir à la réfrigération. Placez alors le chocolat avec son emballage d'origine dans une boîte hermétique (métallique ou autre), rembourrée de papier absorbant (qui captera l'humidité résiduelle) et mettez le tout au réfrigérateur.

Même pour un court laps de temps, ne laissez jamais une tablette (ou une mousse au chocolat) côtoyer des produits odorants tels que melon ou poisson! Le beurre de cacao absorbant toutes les odeurs – comme toutes les matières grasses –, risque de prendre des flaveurs indésirables et tenaces.

Chocolat et parasites

Aux premiers beaux jours, les mites alimentaires font leur réapparition dans nos placards. Elles adorent le chocolat et se faufilent en toute impunité dans les emballages fermés, nous laissant la surprise de découvrir leurs larves en plein festin. Placez donc un piège à mite préventif si vous avez un petit stock de tablettes.

Plus rarement, à l'automne, le chocolat peut présenter des moisissures, voire des champignons, même dans des tablettes encore dans leur emballage, surtout si vous habitez en zone boisée!

Le chocolat, source d'antioxydants

Riches en vitamine E – réputée pour ses vertus antioxydantes – les fèves fraîches de cacao contiennent, en outre, une quantité appréciable de polyphénols (flavonoïdes et tanins). Selon Michel Barel, le chocolat noir s'avère être le champion en la matière avec un taux de 0,8% contre 0,3% pour le thé vert et 0,15% pour le vin rouge. Ce sont les tanins qui confèrent de l'astringence (resserrement désagréable des papilles) et les flavonoïdes de l'amertume à certains types de cacao. Ces composés organiques également bien connus pour leurs vertus antioxydantes, entravent la formation de radicaux libres, destructeurs des cellules de l'organisme et protègent ainsi l'organisme du vieillissement cellulaire. Les polyphénols du cacao interviennent également positivement sur le système cardiovasculaire et contribuent à la prévention des infarctus, de l'athérosclérose (dépôts graisseux avec risque d'obstruction des artères) et des thromboses (formation de caillots dans le sang). Ils ont aussi un rôle avéré dans la prévention des cancers. D'après des études commanditées par le géant de la chocolaterie mondiale, le groupe Barry Callebaut, les polyphénols du cacao tendent à inhiber in vitro la croissance des cellules cancéreuses du cancer de la prostate. D'autres recherches, toujours sponsorisées par le groupe, ont mis en évidence les effets bénéfiques d'une prise régulière de polyphénols sur les fonctions cognitives, notamment la mémoire de rats âgés. L'écrivain gastronomique Brillat-Savarin, dans son ouvrage La physiologie du goût (1826) n'avait pas attendu cette expérience pour conseiller à ses contemporains la prise d'un chocolat chaud à l'ambre afin de stimuler un intellect fatigué!

Cependant, la fermentation, le séchage, la torréfaction jouent aussi un rôle capital dans la préservation du capital polyphénol du cacao: plus ces opérations sont intensives, plus le taux des polyphénols diminue (Source: www.phenol-explorer.eu). Faut-il pour autant se mettre à un régime de fèves séchées et sacrifier notre délicieux chocolat fondant sur l'autel de la santé? Une meilleure connaissance de l'impact positif des polyphénols sur la santé a débouché sur la fabrication de tablettes de chocolat noir garantissant une bonne teneur en polyphénols grâce à des procédés de fabrication adéquats. Le «chocolat cru» (raw chocolate) préserve ces précieux polyphénols du cacao en ne chauffant pas les fèves à plus de 45°C, court-circuitant ainsi l'étape de la torréfaction et du conchage. La chocolaterie Belcolade propose aussi un chocolat riche en polyphénols grâce à un conchage étudié.

LE CHOCOLAT, CETTE DROGUE SI DOUCE

Les substances psycho-actives du chocolat

Le chocolat figure dans le *Larousse des drogues*. Il contient un certain nombre de molécules aux propriétés surprenantes, quoique fort heureusement à doses homéopathiques.

• La première d'entre elles, la théobromine, est ainsi désignée d'après le nom botanique de l'arbre *Theobroma cacao*, « nourriture des dieux ». C'est la substance type du chocolat. Cet alcaloïde stimule le corps et éveille le cerveau tout en apportant une sensation de bien-être.

• Autre alcaloïde du cacao, quoiqu'à moindre dose, la caféine stimule le système nerveux central et le système cardio-vasculaire car son seuil d'activité est très faible. La théobromine en prolonge les effets positifs tout en lui ôtant son caractère stressant. Pensez donc à croquer quelques carrés de chocolat noir si vous devez veiller.

• Par ailleurs, le chocolat renferme à dose infime de l'anandamide. Ce neurotransmetteur se fixe sur les mêmes récepteurs du cerveau que le cannabis. Elle aurait un rôle sur les émotions et serait liée au sentiment de plaisir, voire d'euphorie.

• Indispensable à la régulation du cycle de veille et de sommeil, de l'appétit, de l'anxiété, de l'agressivité et de l'humeur en général, la sérotonine est une endomorphine fabriquée par le corps. Comme l'explique le professeur Chaveron, c'est une substance similaire à l'opium.

• Le triptophane, un acide aminé contenu à un faible taux dans le chocolat, sert de précurseur à la sécrétion interne de la sérotonine et contribuerait à en corriger le déficit quand celle-ci vient à manquer.

• La phényléthylamine (PEA), apparentée aux amphétamines et le salsolinol, qui en favorise l'assimilation, font également figure d'antidépresseurs naturels.
La réputation antistress du chocolat reposerait donc sur des fondements physiologiques, la synergie de substances aux effets psycho-actifs reconnus compensant partiellement les très faibles doses des actifs.

Le sucre du chocolat

Le sucre irait dans le même sens que toutes les substances psychoactives du chocolat en favorisant les activités intellectuelles et un sentiment de plaisir, pouvant devenir addictif. L'ingestion de sucre en excès provoquant embonpoint et caries dentaires, les amateurs de chocolat ont bien raison de doper leur humeur au chocolat noir. L'index glycémique (taux d'élévation du sucre dans le sang) d'un chocolat à 70 % de cacao reste faible, contrairement à celui d'un chocolat blanc.

Parmi les chocolats aux édulcorants, il semblerait que le chocolat à la stévia soit une alternative convenable pour les personnes diabétiques ou dans les régimes hypoglycémiques. Trois cents fois plus sucrée que le saccharose, avec un indice glycémique 0, elle offre aussi l'avantage d'être utilisée à dose moindre. Au niveau du goût, la stévia apporte au chocolat une légère note de réglisse.

Sels minéraux du chocolat

Il faut ajouter dans la corbeille des bienfaits du chocolat un apport intéressant en sels minéraux : magnésium anti-crampes et anti-palpitations ; phosphore nécessaire à la croissance et à la mémoire ; potassium, antidote de la fatigue (à éviter toutefois en cas de problèmes rénaux).

LES ATOUTS SANTÉ DU BEURRE DE CACAO

Le beurre de cacao est énergétique. Plus le chocolat est noir, plus le pourcentage de beurre est élevé. Il semblerait cependant que son effet sur l'obésité soit à relativiser. Selon la thèse de Myriam Chapelin (1998), les graisses majoritaires du beurre de cacao ne seraient guère assimilées par le corps et ne s'accumuleraient donc pas en rondeurs disgracieuses.

Par ailleurs, le chocolat noir, d'après le médecin et journaliste Philippe Léonard, ne contiendrait que 1 % de cholestérol soit 1000 fois moins qu'un jaune d'œuf. La composition du beurre de cacao en ferait un allié du bon cholestéroL, dit HDL (high density protein) qui circule dans les artères sans s'y déposer. Le beurre de cacao contient, en effet, 35 % d'acide oléique monoinsaturé, 3 % d'acide linoléique, un acide gras essentiel et 34 % d'acide stéarique, un acide saturé à la base, mais qui a la bienfaisante faculté de se transformer en acide oléique après ingestion. Ces acides gras, au final insaturés, neutralisent les 28 % d'acide palmitique contenus dans le chocolat. Ce dernier est un acide gras saturé qui développe le mauvais cholestérol, dit LDL (low density protein), qui, en excès, finit par obstruer les artères, au risque de développer des maladies cardio-vasculaires. Dans une logique de santé, il est donc conseillé de ne consommer que du chocolat pur beurre de cacao et d'éviter les acides gras saturés majoritaires dissimulés parmi les MGV d'une étiquette pour l'instant encore imprécise.

Crème moelleuse
choco-café

PRÉPARATION: 40 MIN - CUISSON: 30 MIN

POUR 8 PERSONNES

Pour la crème au café: 20 cl de crème liquide • 40 cl de lait • 2 cuil. à soupe de café lyophilisé • 1 œuf + 4 jaunes • 70 g de sucre

Pour la mousse au chocolat: 100 g de beurre • 100 g de chocolat noir • 3 œufs • 80 g de sucre

Préparez la crème au café: faites chauffer le lait et la crème dans une casserole. À ébullition, éteignez le feu, ajoutez le café soluble et mélangez bien. Dans une jatte, fouettez le sucre avec l'œuf et les jaunes, puis versez la crème au café tiède, sans cesser de fouetter. Réservez.

Préparez la mousse au chocolat: faites fondre le beurre avec le chocolat coupé en morceaux au bain-marie. Hors du feu, lissez le mélange à la spatule et laissez tiédir. Cassez les œufs en séparant les blancs des jaunes. Dans une jatte, fouettez les jaunes avec la moitié du sucre. Ajoutez le mélange beurre-chocolat sans cesser de fouetter. Montez les blancs en neige ferme avec le reste du sucre. Incorporez-les délicatement à la préparation précédente.

Préchauffez le four à 130°C (th. 3/4). Répartissez la crème au café dans des ramequins ou des verres supportant la chaleur et posez-les dans un plat à demi rempli d'eau. Répartissez ensuite la mousse et enfournez le bain-marie pour 30 min. Sortez immédiatement les crèmes du bain-marie après les 30 min de cuisson. Laissez-les refroidir avant de servir.

Crèmes cuites
au chocolat et aux amandes

PRÉPARATION : 10 MIN - CUISSON : 20 MIN

POUR 6 PERSONNES

100 g de chocolat noir aux amandes caramélisées • 5 œufs • 50 cl de lait • 10 cl de crème liquide • 50 g de sucre

Préchauffez le four à 180 °C (th. 6). Dans une casserole, faites chauffer le lait et la crème. Hors du feu, ajoutez le chocolat cassé en morceaux, puis remuez au fouet jusqu'à ce que le chocolat soit fondu.

Battez les œufs entiers avec le sucre sans faire mousser, puis ajoutez le mélange lait-chocolat.

Répartissez la préparation dans des ramequins, mettez-les dans un plat à four à demi rempli d'eau chaude et enfournez au bain-marie pour 20 min après avoir baissé le thermostat à 160 °C (th. 5-6). Servez tiède ou froid.

Mousse
au chocolat noir

PRÉPARATION : 20 MIN - CUISSON : 10 MIN - RÉFRIGÉRATION : 4 H

POUR 6 PERSONNES

75 g de crème fleurette 35 % • 150 g de chocolat « Le Noir à pâtisser » 61 % de cacao, Valrhona • 2 jaunes d'œufs • 4 blancs d'œufs • 25 g sucre

Faites fondre le chocolat au bain-marie, à eau frissonnante.

Faites bouillir la crème fleurette et, hors du feu, versez en 3 fois sur le chocolat fondu. Ajoutez les jaunes d'œufs en remuant vigoureusement.

Parallèlement, montez les blancs d'œufs mélangés avec le sucre au « bec d'oiseau » (il faut que les blancs fassent des pics entre les fouets).

Vérifiez que le premier mélange est à 35/40 °C (si vous n'avez pas de thermomètre, vérifiez au doigt, le mélange ne doit pas vous paraître chaud). Ajoutez un quart des blancs montés, mélangez à l'aide d'une spatule et terminez en ajoutant délicatement le restant.

Réservez au frais quelques heures avant de servir mais sortez la mousse du réfrigérateur 1 h avant de la déguster.

Mousse au chocolat onctueuse
au gingembre confit

PRÉPARATION : 25 MIN - CUISSON : 5 MIN - RÉFRIGÉRATION : 6 H

POUR 4 PERSONNES

200 g de chocolat noir • 100 g de mascarpone • 3 œufs extra-frais • 1 cuil. à soupe de sucre glace • 1 cuil. à soupe de morceaux de gingembre confit (épiceries asiatiques)

Faites fondre le chocolat au bain-marie : cassez le chocolat en morceaux dans un saladier supportant la chaleur et posez le saladier sur une casserole à moitié remplie d'eau. Faites chauffer à feu doux (l'eau doit juste frémir) sans remuer. Lorsque le chocolat est fondu, remuez à la spatule pour le lisser. Laissez tiédir.

Cassez les œufs en séparant les blancs des jaunes. Dans un saladier, fouettez les jaunes avec le mascarpone, puis incorporez ce mélange au chocolat fondu, en mélangeant longuement.

Coupez le gingembre en tout petits dés, ajoutez-les à la préparation précédente.

Fouettez les blancs d'œufs en neige ferme, ajoutez le sucre glace et incorporez-les délicatement à la crème au chocolat, en soulevant le mélange à la spatule.

Répartissez la mousse dans des verres, couvrez de film étirable et réservez au moins 6 h au frais avant de servir.

Îles flottantes
au chocolat

PRÉPARATION : 30 MIN - CUISSON : 15 MIN

POUR 6 PERSONNES

Pour la crème anglaise au chocolat : 50 cl de lait entier • 60 g de chocolat noir • 5 jaunes d'œufs • 50 g de sucre en poudre

Pour les îles flottantes : 5 blancs d'œufs • 30 g de sucre en poudre • 50 g de sucre vergeoise ou sucre de couleur • 50 g d'amandes effilées

Préparez la crème : mettez le lait à chauffer dans une casserole sans le laisser bouillir.

Dans une jatte, fouettez au batteur électrique les jaunes d'œufs avec le sucre jusqu'à ce que le mélange blanchisse et double de volume.

Versez alors le lait chaud en filet sur la préparation précédente, en remuant sans cesse à la spatule. Reversez dans la casserole, portez sur feu moyen et tournez sans arrêt jusqu'à ce que la crème nappe la cuillère en bois (sans jamais laisser bouillir).

Cassez le chocolat en morceaux, faites-le fondre dans la crème chaude et laissez refroidir. Réservez la crème au frais tandis que vous préparez les îles.

Préparez les îles : montez les blancs en neige très ferme en incorporant le sucre en poudre à mi-parcours. Faites griller les amandes à sec dans une poêle antiadhésive.

Mettez une large sauteuse avec 2 l d'eau sur le feu. Quand elle frémit, faites-y pocher 6 grosses cuillerées de blancs en neige pendant 1 min environ (procédez en plusieurs fois). Égouttez sur un linge et laissez refroidir.

Au moment de servir, répartissez la crème au chocolat dans 6 coupelles et déposez une île dans chacune. Parsemez de vergeoise ou de sucre de couleur et d'amandes grillées.

Mousse à la fleur d'oranger et au chocolat blanc

PRÉPARATION : 10 MIN - CUISSON : 5 MIN - RÉFRIGÉRATION : 1 H

POUR 6 PERSONNES

200 g de chocolat blanc • 20 cl de crème liquide très froide • 1 cuil. à soupe d'eau de fleur d'oranger • 2 cuil. à soupe de sucre glace

Placez une première jatte et les fouets du batteur 10 min au congélateur pour qu'ils soient bien froids

Dans une autre jatte, cassez le chocolat blanc en morceaux. Placez la jatte avec le chocolat et 4 cuillères à soupe de crème dans une casserole d'eau, au bain-marie. Faites chauffer à feu doux jusqu'à ce que le chocolat soit fondu.

Sortez les fouets et la deuxième jatte du congélateur. Dans cette dernière, versez la crème et la fleur d'oranger qui doivent être très froides et montez le mélange en chantilly. Ajoutez la moitié du sucre glace à la fin et réservez au frais.

Lissez le chocolat fondu en le mélangeant bien, il doit être homogène et brillant. Laissez tiédir et mélangez-le délicatement à la crème chantilly en soulevant bien les masses.

Répartissez dans des coupelles, mettez 1 h au frais et saupoudrez de sucre glace avant de servir.

Autre idée toute simple

Vous pouvez aussi remplacer la fleur d'oranger par trois gouttes d'extrait de vanille et accompagner votre mousse de fraises justes lavées et équeutées.

Mousse
au chocolat blanc et aux framboises

PRÉPARATION : 30 MIN - CUISSON : 5 MIN - RÉFRIGÉRATION : 20 MIN + 6 H

POUR 4 PERSONNES

150 g de chocolat blanc • 1 barquette de framboises • 2 œufs • 20 cl de crème liquide très froide (4 g) • 4 cuil. à soupe de lait • 2 feuilles de gélatine • ½ cuil. à café de cannelle

Placez une jatte et les fouets du batteur 10 min au congélateur pour qu'ils soient bien froids

Cassez les œufs en séparant les blancs des jaunes. Fouettez les blancs en neige ferme, réservez au réfrigérateur.

Faites ramollir la gélatine dans un bol d'eau froide. Hachez grossièrement le chocolat au couteau. Faites-le fondre au bain-marie avec le lait et la cannelle puis, hors du feu, ajoutez les jaunes d'œufs et mélangez longuement. Ajoutez la gélatine essorée entre vos mains, mélangez encore. Laissez tiédir.

Sortez les fouets et la jatte du congélateur. Montez la crème très froide en chantilly ferme. Incorporez très délicatement les blancs en neige puis la chantilly à la préparation au chocolat.

Dans 4 coupes, répartissez la moitié des framboises, puis la mousse au chocolat, décorez avec le reste des framboises et réservez au réfrigérateur au moins 6 h avant de servir.

Amadeus chocolat
et piment d'Espelette

PRÉPARATION: 25 MIN - CUISSON: 10 MIN

POUR 6 PERSONNES

150 g de chocolat noir • 50 g de chocolat blanc • 5 œufs • 1 cuil. à café de piment d'Espelette en poudre • 165 g de beurre + 20 g pour les moules • 95 g de sucre • 95 g de farine +1 cuil. à soupe

Réservez 6 carrés de chocolat blanc et utilisez le reste pour faire des copeaux à l'aide d'un couteau-économe. Préchauffez le four à 260°C (th. 8-9). Beurrez et farinez 6 ramequins.

Dans une jatte, cassez le chocolat noir en morceaux, ajoutez le beurre en parcelles puis faites fondre au bain-marie en plaçant la jatte contenant le chocolat dans une casserole d'eau frémissante.

Dans une autre jatte, fouettez à la main les œufs, le sucre et la farine jusqu'à ce que le mélange soit homogène. Ajoutez-y la préparation chocolat-beurre fondu, toujours en fouettant.

Répartissez la préparation dans les ramequins en les remplissant aux deux tiers. Enfoncez un carré de chocolat blanc dans chaque ramequin. Enfournez pour environ 6 min, l'intérieur doit rester moelleux et coulant. Sortez du four et laissez tiédir un peu.

Au moment de servir, parsemez chaque ramequin d'une pincée de piment et décorez de copeaux de chocolat blanc.

Mousses

au mascarpone, au chocolat, au caramel et au café

PRÉPARATION: 25 MIN - CUISSON: 10 MIN - RÉFRIGÉRATION: 2 H

POUR 6 PERSONNES

600 g de mascarpone • 6 œufs extra-frais • 50 g de beurre • 50 g de chocolat noir amer • 13 morceaux de sucre • 6 cuil. à café de café soluble

Répartissez le mascarpone dans 3 jattes. Cassez les œufs en séparant les blancs des jaunes. Mettez 2 jaunes dans chaque jatte de mascarpone et fouettez pour que l'ensemble soit homogène. Montez les blancs en neige ferme et réservez-les au frais.

Préparez le caramel, faites fondre 10 morceaux de sucre et 4 cuillerées à soupe d'eau dans une casserole à fond épais. Dès que le caramel blondit, versez-le dans une jatte de mascarpone, en remuant sans cesse, jusqu'à ce que la préparation soit homogène.

Faites fondre le chocolat avec le beurre au bain-marie. Versez la préparation dans une autre jatte de mascarpone, en remuant jusqu'à ce que la préparation soit homogène.

Faites fondre les 3 morceaux de sucre restants dans 3 cuillerées à soupe d'eau bouillante, ajoutez le café soluble et mélangez. Versez la préparation dans la dernière jatte de mascarpone, en remuant sans cesse, jusqu'à ce que la préparation soit bien homogène.

Répartissez les blancs en neige dans les 3 jattes et incorporez-les délicatement en soulevant la masse.

Versez les crèmes parfumées dans 6 ramequins et mettez-les 2 h au frais avant de les servir. Pour que les crèmes restent onctueuses, dégustez-les dans les 2 h. Si vous les laissez plus longtemps, elles ont tendance à durcir: dans ce cas, sortez-les du réfrigérateur 15 min avant de les servir.

Petits pots de crème
au chocolat et au safran

PRÉPARATION : 45 MIN - CUISSON : 10 MIN - RÉFRIGÉRATION : 6 H

POUR 6 PERSONNES

15 cl de crème liquide entière • 20 cl de lait • 30 pistils de safran (une dose de safran) • 3 jaunes d'œufs • 20 g de sucre • 150 g de chocolat au lait 55% de cacao

Versez la crème liquide et le lait dans une casserole, ajoutez le safran, couvrez et laissez infuser pendant 45 min à température ambiante. Pendant ce temps, hachez finement le chocolat au lait et réservez dans un petit saladier. Portez le mélange crème-lait à ébullition.

Fouettez les jaunes d'œufs avec le sucre. Versez le mélange crème-lait chaud, mais pas bouillant sur les jaunes sans cesser de fouetter de façon à éviter la coagulation. Reversez le tout dans la casserole et faites cuire à feu doux en mélangeant soigneusement jusqu'à ce que la crème épaississe. Celle-ci doit napper la cuillère. La crème ne doit surtout pas bouillir.

Ajoutez le chocolat. Laissez reposer quelques secondes, puis mélangez doucement à l'aide d'une spatule. Lorsque la crème est homogène, versez-la dans des pots.

Laissez-les refroidir à température ambiante, couvrez de film alimentaire et réservez au frais pendant 6 h minimum. Ces petits pots de crème seront encore meilleurs le lendemain.

Clafoutis
à la poire et au chocolat

PRÉPARATION : 15 MIN - CUISSON : 25 MIN

POUR 4 PERSONNES

400 g de poires (soit 2 belles poires) • 40 g de farine • 60 g de chocolat noir • 1 cuil. à café rase de cannelle en poudre • 2 œufs • 35 cl de lait demi-écrémé • 60 g de sucre de canne en poudre • 1 cuil. à café d'huile • 1 pincée de sel

Rincez les poires et essuyez-les avant de les peler. Coupez-les en quatre, épépinez-les et émincez chaque quartier en lamelles de ½ cm d'épaisseur environ. Râpez le chocolat.

Préchauffez le four à 180 °C (th. 6). Huilez légèrement à l'aide d'un pinceau 4 moules individuels (type crème brûlée) de 10 cm de diamètre environ. Répartissez les lamelles de poire dans les moules.

Faites chauffer le lait, sans bouillir, et diluez petit à petit le chocolat sans cesser de remuer. Réservez.

Dans un saladier, réunissez la farine, la cannelle, la pincée de sel et mélangez à l'aide d'une cuillère en bois. Creusez un trou au milieu et cassez-y les œufs, puis incorporez-les délicatement à l'ensemble des ingrédients. Ajoutez alors le sucre. Délayez avec le lait chocolaté.

Versez délicatement la préparation sur les poires en évitant de déplacer les lamelles de fruits. Enfournez pour 25 min. Sortez les clafoutis du four, servez-les tièdes ou froids.

Clafoutis
de prunes rouges au chocolat

PRÉPARATION : 20 MIN - CUISSON : 30 MIN
POUR 4 PERSONNES
400 g de prunes (type quetsches) • 4 œufs • 70 g de farine • 60 g de chocolat noir • 70 g de sucre de canne • 20 cl de crème liquide • 1 cuil. à soupe de kirsch • 10 g de beurre

Préchauffez le four à 200 °C (th. 6-7) et beurrez un plat en porcelaine à feu. Cassez le chocolat en morceaux dans une jatte, ajoutez la crème et faites fondre à feu doux au bain-marie en posant la jatte dans une casserole d'eau juste frémissante. Quand le chocolat est fondu, remuez pour que le mélange soit lisse.

Cassez les œufs dans une terrine contenant le sucre, fouettez pour obtenir un mélange mousseux. Ajoutez la farine tamisée, remuez. Versez le kirsch. Incorporez peu à peu à cette pâte le mélange chocolat-crème en mélangeant bien.

Rincez et épongez les prunes, coupez-les en deux pour les dénoyauter. Posez-les dans le plat à four (côté coupé dessus), versez la pâte au chocolat, enfournez pour 30 min environ. Laissez tiédir hors du four et servez tiède ou froid.

Tarte pascale
au chocolat

PRÉPARATION: 20 MIN - RÉFRIGÉRATION: 2 H
CUISSON: 45 MIN
POUR 6 PERSONNES

Pour la pâte: 250 g de farine • 50 g de poudre de praliné (noisettes et amandes) • 150 g de beurre mou • 50 g de sucre glace • 1 œuf

Pour la ganache: 200 g de chocolat noir • 15 cl de crème liquide • 2 œufs entiers + 1 blanc • 50 g de sucre glace + 1 cuil. à café pour le décor • 10 g de beurre (pour le moule) • 20 g de farine (pour le plan de travail) • Quelques œufs à la liqueur pour décorer

Préparez la pâte: dans une terrine, versez la farine, le sucre et le beurre coupé en morceaux. Mélangez grossièrement avec les paumes des mains ou au robot jusqu'à ce que la pâte sable. Ajoutez l'œuf, mélangez du bout des doigts, puis incorporez la poudre de praliné jusqu'à obtenir une pâte homogène. Formez une boule, enveloppez-la de film étirable et réservez au frais 2 h.

Préchauffez le four à 170°C (th. 5-6) et beurrez un moule à tarte. Sur le plan de travail fariné, étalez la pâte, piquez-la de quelques coups de fourchette, posez le côté piqué contre le fond du moule. Couvrez la pâte de papier sulfurisé, recouvrez de haricots secs et enfournez pour 10 min, afin que la pâte soit précuite à blanc. Ôtez papier et haricots, laissez refroidir la pâte, puis badigeonnez-la du blanc d'œuf légèrement battu et réservez-la.

Préparez la ganache: cassez le chocolat en petits morceaux, à l'aide d'un grand couteau et versez-les dans une jatte. Faites bouillir la crème, versez-la sur le chocolat, lissez la préparation, ajoutez les œufs entiers et le sucre glace, mélangez bien et versez sur le fond de tarte.

Baissez le thermostat du four à 120°C (th. 4) et enfournez la tarte pour 35 min environ.

Sortez la tarte, laissez-la refroidir et servez-la à température ambiante, saupoudrée de sucre glace et décorée de petits œufs.

Crumble canadien
au chocolat

PRÉPARATION : 20 MIN - REPOS : 1 H (TREMPAGE DES RAISINS) - CUISSON : 20 MIN

POUR 8 PERSONNES

5 pommes du Canada grises • 300 g de potimarron • 50 g de chocolat • 2 cuil. à soupe de sirop d'érable • 50 g de sucre de canne brun + 20 g pour le dessus du crumble • 50 g de raisins blonds • 1 zeste d'orange non traitée • ½ cuil. à café de cannelle en poudre

Pour la pâte à crumble : 180 g de beurre souple • 300 g de farine • 40 g de sucre de canne brun • 10 g de cacao amer en poudre

Faites gonfler les raisins dans une tasse de thé pendant 1 h. Sortez le beurre du réfrigérateur ½ h à l'avance pour qu'il soit souple. Râpez le chocolat en fins copeaux dans une coupe.

Préparez la pâte en mélangeant grossièrement farine, beurre, sucre et cacao pour obtenir de grosses « miettes » sableuses.

Épluchez et épépinez les pommes et le potimarron, coupez-les en gros quartiers. Versez-les dans un saladier, avec les raisins égouttés, le zeste d'orange, la cannelle, le sirop d'érable et le sucre. Répartissez les fruits dans chaque ramequin, ajoutez quelques copeaux de chocolat et recouvrez de pâte à crumble. Saupoudrez de sucre de canne et faites cuire le crumble à 180 °C (th. 6) pendant 35 min. Servez tiède, accompagné de crème fraîche.

Tartelette chocolat
façon mendiants

PRÉPARATION : 30 MIN - RÉFRIGÉRATION : 1 H - CUISSON : 25 MIN

POUR 6 PERSONNES

Pour la pâte : 250 g de farine + 50 g • 220 g de beurre + 15 g pour les moules • 1 blanc d'œuf • 80 g de noisettes décortiquées • 100 g de sucre glace

Pour la garniture : 100 g de chocolat noir amer • 70 g de pistaches non salées décortiquées • 70 g d'amandes mondées • 70 g de cerneaux de noix • 6 cuil. à soupe de miel liquide • 3 cuil. à soupe de crème liquide

Préparez la pâte : réduisez les noisettes en poudre. Versez-la dans le bol d'un robot avec le beurre en cubes, la farine, le sucre et le blanc d'œuf. Faites fonctionner l'appareil jusqu'à ce que la pâte forme une boule. Emballez-la dans du film étirable et réservez-la 1 h au frais.

Passé ce temps, préchauffez le four à 180 °C (th. 6). Beurrez et farinez 6 moules à tartelette. Sur le plan de travail fariné, étalez la pâte, découpez-y 6 disques, garnissez-en les moules et piquez la pâte avec une fourchette. Découpez un cercle adapté au fond dans du papier sulfurisé et répartissez des haricots secs dessus. Enfournez pour 10 min de cuisson à blanc.

Cassez le chocolat en morceaux dans une petite jatte. Ajoutez la crème et faites fondre à feu doux au bain-marie en posant la jatte dans une casserole d'eau juste frémissante. Quand le chocolat est fondu, remuez pour que le mélange soit lisse.

Sortez les tartelettes du four, ôtez papier et haricots, puis garnissez chaque tartelette de chocolat avec une spatule.

Répartissez les fruits secs sur le dessus des tartelettes. Nappez chaque tartelette d'une cuillerée à soupe de miel et enfournez pour 10 min environ. Laissez refroidir avant de servir.

Tarte choco-bananes

PRÉPARATION : 40 MIN - RÉFRIGÉRATION : 1 H + 15 MIN - CUISSON : 20 MIN

POUR 6 PERSONNES

Pour la garniture : 3 bananes • le jus d'½ citron • 25 g de beurre • 100 g de sucre de canne • 1 cuil. à soupe de vieux rhum ambré • ½ cuil. à café de cannelle • 2 pincées de piment d'Espelette

Pour la ganache : 250 g de chocolat noir • 20 cl de crème liquide légère • 20 g de beurre

Pour la pâte : 250 g de farine • 125 g de beurre mou + 10 g pour le moule • 100 g de sucre glace • 1 jaune d'œuf • 2 cuil. à soupe de lait • Sel

Préparez la pâte : dans une jatte, versez la farine, le sucre, le beurre coupé en parcelles, 1 pincée de sel et mélangez. Ajoutez le jaune d'œuf et le lait, mélangez rapidement pour obtenir une pâte homogène et souple (vous pouvez réaliser cette pâte au robot-mixeur). Formez une boule de pâte et enveloppez-la dans du film étirable. Laissez reposer au frais 1 h.

Préchauffez le four à 180 °C (th. 6). Beurrez un moule à tarte. Étalez la pâte au rouleau, garnissez-en le moule. Piquez la pâte à la fourchette, couvrez-la de papier sulfurisé et recouvrez de haricots secs. Enfournez pour 20 min de cuisson à blanc. Sortez la pâte du four, ôtez papier et haricots et laissez refroidir.

Préparez la ganache : hachez le chocolat avec un grand couteau et versez-le dans un saladier. Portez la crème à ébullition, versez-la sur le chocolat en fouettant doucement jusqu'à ce que le mélange soit homogène. Ajoutez le beurre en morceaux et fouettez à nouveau. Versez cette ganache sur le fond de tarte et laissez prendre au frais une quinzaine de minutes.

Coupez les bananes en rondelles et citronnez-les. Faites fondre le beurre dans une poêle. Quand il est mousseux, ajoutez les bananes, le sucre, la cannelle, le piment d'Espelette. Faites dorer les fruits puis ajoutez le rhum et laissez légèrement caraméliser.

Laissez refroidir puis recouvrez la tarte avec les bananes. Placez au frais mais sortez la tarte 20 min avant de la déguster.

Tourte au cacao
et aux poires marinées

PRÉPARATION: 30 MIN - CUISSON: 20-25 MIN - TEMPS DE MARINADE: 2 H + RÉFRIGÉRATION: 10 MIN

POUR 6 PERSONNES

4 poires mûres pas trop grosses • 5 cl d'eau-de-vie de poire • 1 clou de girofle • Sucre glace
Pour la pâte: 240 g de farine • 40 g de cacao pur (sans sucre) maigre en poudre • 60 g de sucre • 130 g de beurre très mou en petits morceaux • 1 blanc d'œuf

Coupez les poires en quatre, épépinez et pelez-les. Mettez-les dans un saladier avec l'eau-de-vie et le clou de girofle. Couvrez. Laissez mariner au moins 2 h.

Préparez la pâte: mêlez farine, cacao et sucre. Semez dessus le beurre. Frottez entre vos doigts pour incorporer le beurre en obtenant un mélange sableux. Formez une boule compacte. Coupez-la en deux.

Assemblez la tourte: étalez la pâte collante et très friable avec un rouleau fariné sur du papier cuisson fariné, en deux rectangles de 30 x 20 cm environ. Placez-les 10 min au frais.

Préchauffez le four à 180°C (th. 6). Déposez un rectangle de pâte avec le papier cuisson sur une plaque. Piquez à la fourchette. Égouttez, serrez les poires dessus. Retournez dessus le second rectangle bien froid, décollez le papier. Pincez, roulez les bords de pâte pour les souder. Enduisez de blanc d'œuf. Enfournez 20-25 min. Laissez tiédir. Poudrez de sucre glace.

Astuce

Le froid rend la pâte plus malléable... tout simplement parce qu'il fait durcir à nouveau le beurre.

Tartelettes
au chocolat

PRÉPARATION : 45 MIN - RÉFRIGÉRATION : 2 H AU MOINS + 30 MIN - CUISSON : 20 MIN

POUR 8 TARTELETTES

Pour la pâte : 250 g de farine + 30 g pour étaler • 100 g de sucre glace • 30 g de poudre d'amandes • 140 g de beurre bien froid + 20 g • 1 œuf

Pour la crème : 150 g de chocolat noir • 90 g de sucre en poudre • 2 œufs • 40 cl de crème liquide

Pour la garniture : 200 g de chocolat noir

La pâte : Deux heures à l'avance ou la veille, préparez la pâte. Préchauffez le four à 150 °C (th. 5). Étalez la poudre d'amandes sur un plat à four et enfournez quelques minutes, afin de griller et dorer un peu la poudre. Sortez ensuite le plat et laissez refroidir.

Dans un saladier, mélangez le sucre glace, la poudre d'amandes, la farine et le beurre froid en petits cubes. Soulevez le mélange dans vos mains pour obtenir un « sable ». Ajoutez l'œuf, travaillez rapidement du bout des doigts (ou au robot). Dès que la pâte est homogène, formez une boule. Écrasez-la grossièrement en un disque épais, emballez-le dans du film étirable et placez au moins 2 h au réfrigérateur.

Laissez la crème liquide et les 2 œufs à température ambiante. Étalez la pâte sur le plan de travail fariné (2 mm d'épaisseur) et formez 8 disques de pâte. Garnissez-en des moules à tartelette beurrés. Placez-les 30 min au réfrigérateur.

La crème : Pendant ce temps, hachez 150 g de chocolat. Faites-le fondre à feu doux au bain-marie en posant la jatte dans une casserole d'eau juste frémissante (la température idéale de ce chocolat est de 50 °C).

Dans une jatte, faites mousser au batteur électrique les œufs et le sucre. Ajoutez au fouet à main le chocolat fondu et la crème liquide. Mélangez bien, filtrez dans une passoire fine. Réservez.

Préchauffez le four à 180 °C (th. 6). Enfournez les tartelettes pour 8 à 10 min de cuisson à blanc, puis sortez-les du four (baissez le thermostat à 150 °C th. 5). Laissez-les refroidir.

La garniture : Hachez 200 g de chocolat. Faites-le fondre au bain-marie (la température idéale pour ce chocolat fondu est de 40 °C). Quand le chocolat est fondu, remuez pour que le mélange soit lisse.

Étalez-le en 8 disques de la taille de la partie supérieure de vos moules à tartelette sur un plat recouvert de papier sulfurisé, puis réservez 10 min au réfrigérateur.

Le montage : versez la crème au chocolat dans les fonds de tarte et enfournez pour 6 min, puis laissez refroidir. Au dernier moment, décollez avec précaution les disques de chocolat, posez-les sur les tartelettes et servez, avec éventuellement une boule de glace à la vanille.

Gâteau au chocolat
à l'italienne

PRÉPARATION : 20 MIN - CUISSON : 20 MIN

POUR 6 PERSONNES

200 g de chocolat noir • 100 g de mascarpone • 12 amaretti (petits macarons italiens) • 3 œufs • 75 g de farine • 40 g de sucre en poudre • 1 cuil. à soupe de sucre glace • 10 g de beurre

Préchauffez le four à 180 °C (th. 6). Beurrez et tapissez le fond et les côtés d'un moule à manqué de papier cuisson. Posez les amaretti au fond du moule.

Cassez le chocolat en petits morceaux dans un cul-de-poule résistant à la chaleur. Faites-les fondre au bain-marie en plaçant le cul-de-poule dans une casserole d'eau frissonnante. Lorsque le chocolat est fondu, mélangez-le à la spatule afin d'obtenir une masse lisse et brillante.

Mélangez le chocolat fondu avec le mascarpone, remuez, puis ajoutez les œufs battus, un à un, la farine tamisée et le sucre en poudre. Mélangez pour obtenir une pâte homogène.

Versez-la sur les amaretti et enfournez pour 15 min environ. Laissez le gâteau tiédir avant de le démouler, poudrez de sucre glace et servez froid.

Astuce

Ce délicat gâteau moelleux a tendance à durcir si vous le préparez trop longtemps à l'avance, dégustez-le donc assez rapidement lorsqu'il a refroidi.

Fondant au chocolat

PRÉPARATION: 30 MIN - CUISSON: 30 MIN - REPOS: 12 H + 3 H

POUR 6 PERSONNES

200 g de chocolat noir • 200 g de beurre • 50 g de sucre glace • 70 g de sucre en poudre • 5 gros œufs • 40 g de Maïzena • Sel

Pour le glaçage: 150 g de chocolat noir • 75 g de beurre

La veille, préchauffez le four à 180 °C (th. 6) et tapissez un moule à manqué de papier cuisson.
Cassez les 200 g de chocolat dans une grande jatte, ajoutez le beurre en morceaux et faites fondre au bain-marie, à eau frissonnante. Lissez ce mélange au fouet à main, ajoutez 1 pincée de sel, le sucre glace et le sucre en poudre, puis les œufs entiers, un à un, en fouettant à chaque fois, et enfin incorporez la Maïzena.

Versez cette pâte dans le moule et enfournez pour 20 à 25 min pour un cœur très fondant, et jusqu'à 30 min pour un résultat un peu plus cuit. Sortez le gâteau du four et laissez-le complètement refroidir avant de le démouler. Laissez reposer 12 h au frais.

Deux heures avant de servir, préparez le glaçage. Posez le gâteau sur une grille au-dessus papier sulfurisé. Mettez le chocolat, le beurre et 2 cuillerées à soupe d'eau dans une jatte, faites fondre au bain-marie et mélangez. Laissez ce mélange refroidir et durcir un petit peu.

Étalez le glaçage sur le gâteau avec un grand couteau plat ou une spatule coudée. Laissez durcir 2 à 3 h dans un endroit frais et sec (pas au réfrigérateur, à cause de l'air humide). Servez avec une crème anglaise.

Découverte

Pour réussir votre glaçage à tout coup, investissez dans une poudre miracle, le beurre Mycryo®, créé par Barry-Callebault. Celui-ci est composé de 100 % de beurre de cacao cryogénisé. Il suffit d'ajouter 1 g de beurre Mycryo® (2 doses de 0,5 g) pour 100 g de chocolat noir fondu pur et revenu à la température de 34°, bien remuer, laisser tiédir le mélange de deux à trois degrés et le tour est joué.

Gâteau au chocolat
et aux fruits secs

PRÉPARATION: 15 MIN - RÉFRIGÉRATION: 2 H - CUISSON: 5 MIN

POUR 6 PERSONNES

100 g de cookies bio au chocolat • 50 g de purée d'amandes bio • 200 g de chocolat noir • 10 cl de soja cuisine • 50 g de pistaches décortiquées • 25 g de raisins secs • 25 g de canneberges (cranberry) séchées

Tapissez un moule rectangulaire de film étirable en le faisant déborder sur les côtés.

Mettez les cookies et la purée d'amandes dans le bol d'un robot et mixez quelques secondes, étalez dans le moule en appuyant du bout des doigts.

Concassez grossièrement les pistaches. Cassez le chocolat en petits morceaux et mettez-les dans une jatte.

Faites bouillir le soja cuisine et versez-le sur le chocolat en remuant au fouet jusqu'à ce que le mélange soit lisse. Ajoutez les fruits secs en remuant.

Versez cette préparation dans le moule, rabattez le film étirable par-dessus et mettez au réfrigérateur au moins 2 h.

Pour servir, démoulez le gâteau puis coupez-le en tranches. Accompagnez-le d'une glace au lait d'amandes.

Gâteau moelleux
aux noisettes

PRÉPARATION : 20 MIN - CUISSON : 30 MIN

POUR 6 PERSONNES

100 g de noisettes décortiquées • 80 g de chocolat noir • 80 g de sucre • 4 œufs • 1 morceau d'écorce d'orange confite • ½ tasse de café fort • 20 g de beurre (pour le moule)

Pour le décor : quelques noisettes entières • 1 écorce d'orange confite • Sucre glace

Réduisez les noisettes en poudre à la moulinette à main (le mixeur rendrait la poudre trop compacte). Détaillez l'écorce d'orange en fines lanières. Préchauffez le four à 150 °C (th. 5). Beurrez un moule à manqué et tapissez-le de papier cuisson.

Cassez les œufs en séparant les blancs des jaunes. Dans une jatte, fouettez longuement les jaunes et le sucre jusqu'à ce que le mélange blanchisse et prenne du volume.

Battez les blancs en neige très ferme. Faites fondre le chocolat en morceaux avec le café dans une jatte ne craignant pas la chaleur, placée dans une casserole d'eau au bain-marie (l'eau doit frissonner). Incorporez peu à peu le chocolat fondu parfumé au café à la préparation jaunes/sucre. Ajoutez les noisettes puis les blancs en neige en soulevant la masse et enfin les lanières d'écorce.

Versez dans le moule, enfournez pour 30 min. Surveillez la cuisson en plantant la pointe d'un couteau dans le gâteau qui doit juste être pris.

Démoulez, laissez refroidir sur une grille. Au moment de servir, poudrez de sucre glace, décorez de noisettes entières et de lanières d'orange confite. À accompagner d'une sauce chaude au chocolat ou d'une crème anglaise.

Charlotte
au chocolat

PRÉPARATION : 40 MIN - CUISSON : 10 MIN - RÉFRIGÉRATION : 12 H

POUR 6 PERSONNES

270 g de chocolat noir • 50 cl de lait • 6 jaunes d'œufs • 100 g de sucre en poudre • 10 g de gélatine en feuilles • 20 cl de crème liquide très froide • 24 biscuits à la cuillère

Pour le décor : Sucre glace • Perles argentées et en chocolat

Placez une jatte et les deux fouets de votre batteur au congélateur pendant 10 min. Faites tremper les feuilles de gélatine dans un bol d'eau froide pour les ramollir. Cassez le chocolat en petits morceaux. Faites chauffer le lait sur feu doux dans une grande casserole.

Battez les jaunes d'œufs et le sucre en poudre jusqu'à ce que le mélange blanchisse et gonfle. Versez dessus le lait chaud, remuez et reversez l'ensemble dans la casserole. Faites cuire sur feu doux sans cesser de remuer avec une spatule jusqu'à ce que la crème nappe la cuillère (environ 5 min). La crème ne doit surtout pas bouillir.

Hors du feu, ajoutez les morceaux de chocolat et remuez jusqu'à ce qu'ils soient fondus. Ajoutez la gélatine essorée entre vos mains, mélangez bien et laissez refroidir.

Sortez la jatte et les batteurs du congélateur. Fouettez la crème liquide très froide en chantilly ferme. Incorporez-la ensuite délicatement à la crème au chocolat en soulevant la préparation avec une spatule souple.

Tapissez un moule à charlotte de papier sulfurisé ou de film alimentaire, disposez les biscuits debout tout autour, côté bombé vers le moule, puis versez la crème au chocolat. Placez au frais au moins 12 h.

Au moment de servir, démoulez la charlotte sur un plat de service. Décorez avec les perles et un voile de sucre glace.

Chocolat fondant
aux fraises

PRÉPARATION : 20 MIN - CUISSON : 20 MIN - RÉFRIGÉRATION : AU MOINS 1 H

POUR 4 PERSONNES

75 g de chocolat noir • 50 g de cacao pur en poudre • 125 g de fraises bien parfumées Mara-des-Bois (ou Guariguette plus acidulée) • 100 g + 5 g de beurre • 3 jaunes + 3 blancs d'œufs « gros » • 80 g + 45 g de sucre • Sucre glace • Farine • Sel

Placez une jatte et les deux fouets de votre batteur au congélateur pendant 10 min.

Battez les 3 jaunes d'œufs et 80 g de sucre jusqu'à ce que le mélange blanchisse et gonfle.

Sortez la jatte et les batteurs du congélateur. Fouettez les blancs d'œufs et 1 pincée de sel en neige très ferme, versez 45 g de sucre en pluie, fouettez 1 min.

Étalez le chocolat en carrés en une couche dans la casserole. Posez dessus les 100 g de beurre morcelé. Chauffez le chocolat à feu très doux ; il ne doit surtout pas brûler. Dès que le chocolat est mou à cœur, ôtez du feu, tournez pour lisser. Poudrez aussitôt le cacao sur le chocolat fondu à travers la passoire, mélangez sur feu très doux pour obtenir une crème lisse, ôtez du feu.

Versez le chocolat tiède et fluide sur la crème jaunes d'œufs-sucre en tournant. Ajoutez toute la neige en tournant de bas en haut, allez bien au fond. Placez au moins 1 h au frais.

25-30 min avant de servir, préchauffez le four à th. 8 (220 °C). Étalez les fraises sur un plat, placez-les au frais 10 min (pas plus !). De cette façon, elles ne chaufferont pas et ne perdront pas leur jus. Pendant ce temps, beurrez, farinez un moule à brioche d'au moins 9 dl. Tapissez-le de mousse au chocolat sur au moins 2 cm d'épaisseur (au fond, 2,5 cm).

Emboîtez les fraises de façon à bien les grouper au centre. Couvrez du reste de mousse sur au moins 2,5 cm d'épaisseur. Enfournez environ 20 min.

Saupoudrez de sucre glace avant de servir. Le gâteau, cuit et ferme autour, garde le cœur crémeux et tiède mêlé aux fraises qui restent crues. Démoulez-le : assurez-vous que le dessus soit bien ferme, posez un plat sur le moule très chaud, retournez le tout d'un coup (mettez des gants !).

Astuce

Choisissez des fraises petites. Vous ne devez surtout pas les couper. Équeutez-les avec soin pour ne pas les blesser : elles ne doivent pas perdre de jus dans le gâteau ! Nous avons utilisé des garriguettes petites. En saison, des fraises des bois conviennent très bien.

Moelleux
choco-framboise

PRÉPARATION : 30 MIN - CUISSON : 40 MIN

POUR 6 PERSONNES

250 g de framboises • 200 g de chocolat noir • 125 g de beurre doux + 20 g de beurre pour le moule • 3 œufs • 100 g de farine + 30 g de farine pour le moule • 150 g de sucre • 1 cuil. à café de jus de citron • Sel

Râpez grossièrement le chocolat dans une jatte supportant la chaleur. Faites fondre avec le beurre à feu doux au bain-marie en posant la jatte dans une casserole d'eau juste frémissante. Quand le chocolat est fondu, remuez pour que le mélange soit lisse.

Beurrez et farinez un moule à manqué (ou à savarin) antiadhésif de 22 cm de diamètre. Cassez les œufs en séparant les blancs des jaunes.

Au bout de 10 min, lorsque le chocolat et le beurre ont bien fondu, mélangez-les rapidement à la spatule jusqu'à obtenir une masse lisse et brillante. Laissez refroidir. Ajoutez ensuite les jaunes d'œufs, un à un, en remuant à chaque fois, la farine tamisée et 100 g de sucre.

Préchauffez le four à 180 °C (th. 6). Fouettez les blancs en neige ferme avec 1 pincée de sel puis incorporez-les délicatement à la préparation précédente. Ajoutez 150 g de framboises sans les écraser. Versez la préparation dans le moule et enfournez 30 min.

Pendant la cuisson du gâteau, préparez un coulis : mixez le reste de framboises avec le reste de sucre et le jus de citron.

Servez le gâteau refroidi avec le coulis de framboises.

Gâteau
choco-marron

PRÉPARATION: 20 MIN - CUISSON: 40 MIN

POUR 8 À 10 PERSONNES

1 meringue achetée chez le pâtissier (environ 70 g) • 200 g de chocolat noir • 200 g de beurre + 20 g pour le moule • 200 g de crème de marrons • 5 œufs • 50 g de sucre en poudre • 2 cuil. à soupe de farine

Pour le glaçage: 12 cl d'eau • 100 g de crème liquide • 220 g de sucre • 80 g de cacao en poudre • 16 g de gélatine

Préchauffez le four à 180°C (th. 6) et beurrez un moule à manqué. Émiettez grossièrement la meringue.

Mettez 200 g de pastilles de chocolat (ou du chocolat coupé en morceaux) et 200 g de beurre détaillé en cubes dans une jatte ne craignant pas la chaleur que vous poserez dans une casserole à moitié remplie d'eau pour faire un bain-marie. Portez l'eau au frémissement. Quand le chocolat sera fondu, remuez pour que le mélange soit lisse et brillant.

Hors du feu, ajoutez la crème de marrons, les œufs un à un en remuant au fouet à main, le sucre, la farine et la meringue.

Versez la préparation dans le moule et enfournez pour 40 min. À mi-cuisson, baissez le thermostat à 150°C (th. 5). Laissez le gâteau tiédir un peu, puis démoulez-le sur une grille.

Préparez le glaçage. Mettez à tremper la gélatine dans l'eau froide.

Portez à ébullition l'eau, la crème et le sucre. Stoppez la cuisson puis ajoutez la gélatine et le cacao en poudre.

Mixez puis passez dans un chinois (ou une passoire à perforations fines). Coulez le glaçage sur le gâteau et laissez prendre au froid.

VARIANTE: *Le mariage chocolat-marron-café est aussi délicieux. Préparez un glaçage au café avec 2 cuillerées à soupe de sucre glace et quelques gouttes d'extrait de café.*

Gâteau chocolat
et caramel au beurre salé

PRÉPARATION : 10 MIN - CUISSON : 20 MIN

POUR 6 PERSONNES

200 g de chocolat noir • 180 g de sucre • 150 g de beurre salé • 20 g de beurre doux • 4 œufs • 3 cuil. à soupe de farine • 1 cuil. à café de vanille en poudre

Préchauffez le four à 180 °C (th. 6). Beurrez un moule à manqué et saupoudrez-le d'une cuillerée à soupe de farine. Cassez le chocolat en petits morceaux (.

Mettez le sucre et 4 cuillerées à soupe d'eau dans une casserole sur feu vif, faites cuire 5 min à feu moyen, en laissant le sucre et l'eau bouillonner pour obtenir un caramel. Sortez du feu dès que le caramel est blond.

Hors du feu, ajoutez le beurre salé en parcelles puis le chocolat cassé en morceaux et la vanille. Remuez jusqu'à ce que la préparation soit lisse. Versez-la dans une jatte.

Cassez les œufs en séparant les jaunes des blancs. Battez ces derniers en neige ferme. Ajoutez les jaunes et le reste de farine tamisée dans la jatte en mélangeant longuement. Incorporez les blancs.

Versez la pâte dans le moule, enfournez pour 20 min. Avant la cuisson, vous pouvez saupoudrer le gâteau d'un peu de sucre en poudre pour un effet craquelé. Servez tiède ou froid.

Tranche de brioche perdue
choco/framboise/crème fraîche

PRÉPARATION : 5 MIN - CUISSON : 15 MIN

POUR 4 PERSONNES

1 brioche rectangulaire ou cylindrique • 12 carrés de chocolat noir • 60 + 20 g de sucre • 60 + 20 g de beurre • 250 g de framboises fraîches • 1 cuil. à soupe d'eau • 4 cuil. à soupe de crème épaisse froide

Commandez 1 brioche rectangulaire ou cylindrique au pâtissier. Coupez 4 tranches épaisses de 4 cm, enfoncez 3 carrés de chocolat noir par tranche.

Chauffez 60 g de beurre dans une poêle, dorez les tranches des 2 côtés.
Poudrez 60 g de sucre au fond, caramélisez les tranches.

Caramélisez légèrement 20 g de beurre et 20 g de sucre à la poêle.
Ajoutez 250 g de framboises fraîches, tiédissez 30 secondes, liez avec 1 cuillerée à soupe d'eau.

Posez les brioches chaudes sur 4 assiettes, couvrez de framboises tièdes, posez 4 cuillerées à soupe de crème épaisse froide, pour un savoureux contraste de goûts, températures et textures.

Opéra revisité

PRÉPARATION : 20 MIN - CUISSON : 30 MIN - CONGÉLATION : 1 H MINIMUM

POUR 6-8 PERSONNES

Pour le fourrage : 200 g de chocolat noir • 20 cl de crème liquide • 15 cl d'expresso fort refroidi • 10 cl de whisky • 250 g de sorbet au cacao ramolli

Pour la génoise au chocolat : 5 jaunes d'œufs • 150 g de sucre • 150 g de farine • 40 g de beurre fondu • 1 cuil. à soupe de cacao en poudre

Pour le décor : 100 g de chocolat noir

La génoise : Allumez le four à 210 °C (th. 7) et beurrez un moule à manqué carré ou rectangulaire. Fouettez les jaunes d'œufs et le sucre au bain-marie environ 5 min, jusqu'à ce que le mélange blanchisse et double de volume. Retirez du bain-marie et fouettez encore jusqu'à refroidissement du mélange.

Ajoutez la farine et le cacao tamisés, puis le beurre fondu en soulevant délicatement la préparation.

Versez la pâte dans le moule, réduisez le thermostat à 180 °C (th. 6), enfournez pour 30 min. Laissez ensuite refroidir sur une grille.

Le fourrage : Faites bouillir la crème, versez-la sur le chocolat haché ou cassé en morceaux, placé dans un saladier et remuez avec un fouet pour lisser le chocolat.

Coupez la génoise en deux, posez-en la moitié dans un plat rectangulaire.

Mélangez l'expresso refroidi et le whisky, badigeonnez-en la génoise, étalez dessus une couche de chocolat fondu puis le sorbet. Posez l'autre moitié de génoise, arrosez de café-whisky, versez une couche de chocolat fondu.

Couvrez de film étirable et placez au congélateur au moins 1 h.

Astuce décor en chocolat

Pour obtenir un décor bien brillant, investissez dans une boîte de beurre Mycryo®, un beurre de cacao cryogénisé qui permet de réussir à coup sûr glaçage de gâteaux, décors et bonbons en chocolat (sur Internet ou en épiceries spécialisées).

Le décor : Faites fondre 100 g de chocolat noir au bain-marie ou au micro-ondes. À l'aide d'une spatule ou d'un pinceau, étalez-le en bandes sur du papier sulfurisé et placez-le au frais jusqu'à utilisation. Vous pouvez réaliser ce décor avec du chocolat au lait, blanc ou praliné.

Sortez le gâteau un peu avant de servir, découpez-le en parts et posez sur chacune d'elles 1 bande ou 2 de décor au chocolat noir.

Gâteau
au chocolat épicé

PRÉPARATION: 40 MIN - REPOS AU RÉFRIGÉRATEUR: 6 H - CUISSON: 2-3 MIN

POUR 8 PERSONNES

Pour le gâteau : 400 g de chocolat noir • 100 g de sucre glace • 4 gros œufs à température ambiante • 200 g de beurre mou • 1 cuil. à café rase de cannelle en poudre • 1 cuil. à café rase de gingembre en poudre • sel

Pour le glaçage: 10 cl d'eau • 80 g de crème liquide • 180 g de sucre • 70 g de cacao en poudre • 13 g de gélatine

Séparez les blancs des jaunes. Mettez dans un saladier les jaunes d'œufs et le sucre glace, sauf 3 cuillerées à soupe à réserver pour monter les blancs. Battez au fouet à main jusqu'à obtenir une crème très pâle.

Mettez dans un autre saladier les blancs d'œufs, 3 cuillerées à café de sucre glace, 1 pincée de sel. Fouettez les blancs en mousse très ferme : on doit pouvoir retourner le saladier sans qu'ils tombent.

Faites fondre le chocolat cassé en morceaux dans une coupe ne craignant pas la chaleur posée dans un casserole d'eau portée au frémissement. Dès que tout est mou à cœur, ôtez du feu, tournez bien pour lisser le chocolat.

Incorporez le chocolat à la crème œufs-sucre, mélangez : vous obtenez une pâte épaisse. Ajoutez aussitôt cannelle, gingembre et beurre mou : vous obtenez une crème souple. Ajoutez les blancs en neige dans la crème en tournant de bas en haut, à gestes légers, allez bien au fond.

Posez un cercle de papier cuisson dans un moule à manqué démontable de ø 20 cm. Versez-y la crème légèrement mousseuse. Lissez le dessus. Couvrez. Faites prendre au moins 6 h au frais.

Préparez le glaçage : mettez à tremper la gélatine dans l'eau froide.
Portez à ébullition l'eau, la crème et le sucre. Stoppez la cuisson puis ajoutez la gélatine et le cacao en poudre.
Mixez puis passez dans un chinois (ou une passoire à perforations fines). Coulez le glaçage sur le gâteau et laissez prendre au froid.

Démoulez : ouvrez le moule, faites glisser le gâteau sur son papier sur un joli plat.

Décorez : posez, selon votre préférence, bâtons de cannelle et/ou gingembre confit, écorce d'orange confite.

Macarons
au chocolat

PRÉPARATION : 1 H - RÉFRIGÉRATION : 24 H - REPOS : 1 H - CUISSON : 15 MIN

POUR UNE VINGTAINE DE PETITS MACARONS

10 g de poudre d'amandes • 225 g de sucre glace • 50 g de sucre en poudre • 25 g de cacao non sucré en poudre • 4 blancs d'œufs

Pour la ganache : 30 g de crème liquide • 125 g de lait entier • 125 g de chocolat noir

24 h à l'avance, cassez les œufs et pesez les blancs pour en conserver 120 g (soit environ les blancs de 4 œufs moyens). Conservez-les 24 h au réfrigérateur dans une boîte hermétique.

Préparez la ganache 24 h à l'avance également : cassez le chocolat en petits morceaux. Dans une casserole, versez le lait et la crème, portez à ébullition, puis versez le chocolat et mélangez à la spatule pour bien lisser le mélange. Versez la ganache dans un saladier. Posez du film étirable directement sur la ganache (pour éviter la croûte), laissez refroidir et réservez au réfrigérateur 24 h.

Le lendemain, sortez les blancs d'œufs pour qu'ils soient à température ambiante et préchauffez le four à 150 °C (th. 5).

Mixez le cacao, le sucre glace et la poudre d'amandes pour obtenir une poudre très fine. Étalez-la sur la plaque du four tapissée de papier cuisson et enfournez pour 5 min. Tamisez ce mélange pour qu'il n'y ait aucun grumeau.

Battez les blancs d'œufs en neige très ferme en ajoutant peu à peu le sucre en poudre, puis continuez à battre 3 min. Incorporez délicatement la poudre amandes-cacao-sucre, en soulevant le mélange avec une spatule. La pâte doit être lisse, brillante et souple, mais pas liquide.

Tapissez de papier cuisson 2 plaques à four et dressez-y les macarons (3 à 4 cm de diamètre) à l'aide d'une poche à douille, en les espaçant. Laissez sécher 1 h à température ambiante, ainsi les macarons ne craqueront pas à la cuisson (au bout de 1 h, la pâte ne doit plus coller au doigt).

Sortez la ganache du réfrigérateur pour qu'elle s'assouplisse. Enfournez alors les plaques (150 °C, th. 5), et comptez 10 min de cuisson. Sortez les macarons et laissez-les refroidir.

Décollez délicatement les macarons du papier cuisson et retournez-les. Remplissez la poche à douille de ganache au chocolat et garnissez-en une coque de macaron sur deux.

Posez les coques non garnies sur la ganache, appuyez un peu pour les souder. Les macarons sont prêts à être dégustés. Vous pouvez les garder dans une boîte en fer, mais c'est tout frais qu'ils sont les meilleurs.

LES DESSOUS DES MACARONS : *Réservez les blancs d'œufs 24 h au frais pour qu'ils se liquéfient (l'albumine perd de son élasticité). Pour la ganache, utilisez un chocolat à moins de 60 % de cacao, sinon elle durcirait trop. Tamisez la poudre amandes-sucre-cacao mixée finement, ce qui garantit une texture fine et non granuleuse des macarons. Faites chauffer la poudre amandes-sucre-cacao, afin de stabiliser les molécules. La pâte « n'huilera » pas à la cuisson et restera croquante. Si vous n'avez pas de poche à douille, utilisez une cuillère à café, tant pour façonner les macarons que pour les garnir.*

Si votre four n'a pas la fonction chaleur tournante, faites cuire une plaque de macarons à la fois.

Diamants chocolat

PRÉPARATION : 1 H 15 - CUISSON : 20 MIN - RÉFRIGÉRATION : 30 MIN + 2 H

POUR 6 PERSONNES

Diamants chocolat : 20 g de pépites de chocolat noir • 80 g de farine • 75 g de beurre • 5 g de cacao amer en poudre • 10 g de Maïzena • 35 g de sucre glace • 2 jaunes d'œufs • 75 g de cassonade • Sel

Crémeux chocolat noir : 70 g de chocolat noir • 10 cl de lait • 2 cuil. à soupe de crème liquide • 2 jaunes d'œufs • 1 cuil. à soupe rase de sucre en poudre

Crémeux chocolat lait : 80 g de chocolat au lait • 15 cl de crème liquide • 2 jaunes d'œufs

Sauce au chocolat : 70 g de sucre en poudre • 25 g de cacao amer en poudre • 3 cuil. à soupe de crème épaisse

Préparez les diamants : dans un saladier, pétrissez le sucre glace avec le beurre, ferme mais non dur, et 1 petite pincée de sel. Ajoutez les pépites de chocolat, pétrissez encore. Tamisez la farine, la Maïzena et le cacao au-dessus du saladier. Ajoutez 1 jaune d'œuf et travaillez la pâte pour qu'elle soit homogène. Couvrez-la de film étirable et mettez-la 30 min au frais.

Préchauffez le four à 180 °C (th. 6). Sortez la pâte du réfrigérateur et façonnez-la en un boudin de 3 cm de diamètre. Badigeonnez-le avec le second jaune d'œuf battu, puis roulez-le dans la cassonade. Coupez-le en rondelles de 1 cm d'épaisseur. Posez-les sur la plaque du four tapissée de papier cuisson et enfournez pour 13 min. Sortez les diamants du four et laissez-les refroidir sur une grille.

Préparez le crémeux chocolat noir : concassez le chocolat dans un saladier. Dans une jatte, fouettez les jaunes d'œufs avec le sucre jusqu'à ce que le mélange blanchisse. Faites chauffer le lait avec la crème dans une casserole. Versez ce mélange chaud en filet sur les œufs sucrés, tout en fouettant.

Reversez ce mélange dans la casserole, et faites cuire sans bouillir, en remuant à la spatule en bois, jusqu'à ce que cette crème la nappe. Versez aussitôt sur le chocolat

Idée gourmande

Vous pouvez mettre une couche de nougatine concassée entre deux couches de crémeux chocolat.

concassé. Fouettez pour lisser et laissez refroidir.

Préparez le crémeux chocolat lait: concassez le chocolat dans un saladier. Dans un autre saladier, battez les jaunes d'œufs. Faites chauffer la crème dans une casserole. Versez la crème chaude en filet sur les jaunes d'œufs battus, tout en fouettant.

Reversez ce mélange dans la casserole, et faites cuire sans bouillir, en remuant à la spatule en bois, jusqu'à ce que cette crème la nappe. Versez aussitôt sur le chocolat concassé. Fouettez pour lisser et laissez refroidir.

Montage: dans des verres à Martini, déposez 2 à 3 biscuits diamants cassés en morceaux. Recouvrez d'une couche de crémeux chocolat au lait, puis d'une couche de crémeux chocolat noir. Lissez le dessus à la spatule et réservez au moins 2 h au frais.

Sortez les verres du réfrigérateur environ 30 min avant de les servir.

Préparez une sauce au chocolat: dans une casserole, faites bouillir 4 cuillerées à soupe d'eau avec le sucre et le cacao. Dans une autre casserole, faites bouillir la crème. Versez-la dans la première casserole et portez l'ensemble à ébullition en remuant. Éteignez le feu et laissez reposer quelques minutes.

Versez cette sauce encore chaude en couche fine dans les verres et servez aussitôt.

Forêt noire

PRÉPARATION : 30 MIN POUR LA GÉNOISE LA VEILLE + 40 MIN - CUISSON DE LA GÉNOISE : 30 MIN

POUR 8 PERSONNES

Pour la génoise : 150 g de sucre fin • 5 œufs moyens à température • 150 g de farine • 70 g de beurre fondu • 1 sachet de sucre vanillé

Pour la finition : 200 g de chocolat noir • 500 g de griottines (ou autres cerises à l'eau-de-vie, dénoyautées) • 50 cl de crème liquide très froide • 50 g de sucre glace • 10 cl de kirsch

La génoise : Préparez la génoise la veille pour qu'elle soit moins friable et plus facile à découper. Préchauffez le four à 180 °C (th. 6). Dans un grand saladier posé sur un bain-marie frémissant, fouettez les œufs et le sucre à petite vitesse pour les mélanger, puis hors du feu, à grande vitesse pendant 5 min. La préparation doit prendre du volume et mousser.

Incorporez peu à peu la farine tamisée, puis le beurre fondu, à peine tiède, en mélangeant avec délicatesse.

Tapissez un moule à manqué carré de 16 cm de côté de papier cuisson. Versez-y la pâte à génoise. Enfournez pour 30 min. Laissez refroidir et réservez au frais après avoir enveloppé la génoise d'un film étirable.

Le montage de la forêt noire : Placez une jatte et les deux fouets de votre batteur au congélateur pendant 10 min. Égouttez les griottines en récupérant le jus dans un bol. Ajoutez à ce jus la moitié du kirsch.

Sortez la jatte et les batteurs du congélateur. Montez la crème liquide très froide en chantilly en ajoutant, peu à peu, le sucre en pluie et le reste de kirsch en mince filet.

Coupez la génoise en trois dans l'épaisseur à l'aide d'un couteau-scie. Posez le fond sur un plat. Humectez-le au pinceau avec le tiers du jus du bol. Étalez dessus le tiers de la chantilly, à l'aide d'une spatule souple. Répartissez dessus des griottines.

Posez dessus le 2e biscuit, humectez-le également d'un tiers de sirop, étalez la même quantité de chantilly, disposez le reste des griottines (sauf quelques-unes pour le décor). Ajustez le dernier biscuit, humectez-le avec le reste du sirop. Masquez le pourtour et le dessus avec le reste de chantilly.

Râpez le chocolat en copeaux (à l'économe) et décorez-en le gâteau.
Terminez avec les griottines réservées. Placez au frais jusqu'au moment de servir.

Bavarois choco-coco

PRÉPARATION : 35 MIN - REPOS : 4 H - CUISSON : 35 MIN

POUR 6 PERSONNES

100 g de noix de coco râpée séchée • 70 g de chocolat noir • 3 jaunes + 1 blanc d'œuf « gros » • 3 dl de lait • 1 dl de crème fraîche liquide • 50 + 50 g de sucre fin • 20 g de farine • 5 g de gélatine

Préchauffez le four à 160 °C (th. 3-4). Placez une jatte et les deux fouets de votre batteur au congélateur pendant 10 min. Mêlez dans un grand bol la noix de coco, 50 g de sucre et le blanc d'œuf. Vous obtenez un amalgame épais.

Mouillez une feuille de papier cuisson et tapissez-en un moule à manqué de 18 cm de diamètre. Avec les doigts, appliquez la noix de coco au fond et contre les parois, en couche épaisse et régulière. Enfournez 30 min.

Faites gonfler la gélatine dans un bol d'eau froide. Battez les jaunes d'œufs et 50 g de sucre dans un saladier. Ajoutez la farine, délayez en versant le lait peu à peu, sans cesser de tourner.

Faites fondre le chocolat cassé en morceaux dans une coupe ne craignant pas la chaleur, posée dans un casserole d'eau portée au frémissement.

Dès que les carrés sont mous à cœur, hors du feu, versez la crème aux œufs puis remettez à cuire à feu moyen-doux, en tournant bien, jusqu'à obtenir une crème bien lisse, un peu épaissie.

Ôtez du feu, ajoutez la gélatine essorée, laissez refroidir.

Sortez la jatte et les batteurs du congélateur. Versez-y la crème fraîche très froide. Fouettez 5 min au fouet électrique, pour obtenir une mousse très ferme.

Mêlez à la crème au chocolat froide : tournez de bas en haut, allez bien au fond. Versez dans la coque de coco froide. Faites prendre au moins 4 h au frais. Soulevez le papier pour démouler.

Le plein d'idées déco :

Comme sur notre photo, formez sur la crème bien prise une petite montagne de copeaux de chocolat noir et de noix de coco mélangés.

Tartelettes au chocolat
et aux épices douces

PRÉPARATION : 1 H - CUISSON : 25 MIN - CONGÉLATION : 2 H

POUR 6 PERSONNES

Pour le parfait : **4 jaunes d'œufs • 15 cl de lait • 50 g de sucre • 3 graines de cardamome verte • 15 cl de crème liquide très froide**

Pour la pâte : **150 g de beurre mou • 100 g de sucre • 2 œufs • 300 g de farine • 40 g de cacao amer en poudre • 1 pincée de sel**

Pour la ganache : **25 cl de crème liquide • 270 g de chocolat noir • 2 gousses de vanille • 30 g de beurre • 1 pincée de sel • 1 pincée de poivre**

Pour la gelée de fruits : **15 cl de jus de fruits de la passion • 10 g de sucre • 16 g de gélatine en feuille • 1 gousse de vanille • 1 bâton de cannelle • 3 graines de cardamome verte**

Le parfait : Placez une jatte et les deux fouets de votre batteur au congélateur pendant 10 min.

Faites chauffer le lait et la cardamome écrasée. Hors du feu, laissez infuser 15 min, puis mixez et filtrez. Dans une jatte, fouettez vivement les jaunes d'œufs et le sucre, versez le lait chaud en fouettant. Reversez le tout dans la casserole et remuez sans arrêt sur feu doux. La crème ne doit surtout pas bouillir. Arrêtez la cuisson lorsque la crème nappe la cuillère. Laissez refroidir.

Sortez la jatte et les batteurs du congélateur. Montez la crème liquide très froide en chantilly et incorporez-la délicatement à la préparation précédente. Versez dans 6 moules sphériques (3 cm de diamètre) et mettez au congélateur 2 h.

La pâte : Dans le bol d'un robot, mixez le beurre mou avec le sucre et les œufs, puis ajoutez la farine, le cacao et le sel. Mixez à nouveau rapidement. Formez une boule de pâte et laissez reposer 1 h au frais.

La ganache : Réalisez la ganache pendant le repos de la pâte : râpez le chocolat. Dans une casserole, faites chauffer la crème liquide avec les gousses fendues, le sel et le poivre. Hors du feu, laissez infuser ½ h à couvert. Filtrez-la ensuite et mélangez-la encore tiède au chocolat râpé. Ajoutez le beurre mou et remuez doucement. Réservez à température ambiante.

La cuisson des tartelettes et la finition : Préchauffez le four à 180 °C (th. 6). Étalez la pâte au rouleau et garnissez-en 6 moules à tartelette. Piquez la pâte de chaque moule à la fouchette et couvrez-la de papier sulfurisé, recouvrez de haricots secs. Enfournez pour 10 min de cuisson à blanc. Puis ôtez papier et haricots et réservez.

Préparez la gelée : laissez ramollir la gélatine dans de l'eau froide. Chauffez le jus de fruits avec les épices et le sucre, puis laissez infuser, hors du feu, à couvert 15 min. Ensuite, filtez-le, faites-le réchauffer et diluez-y la gélatine essorée.

Montez les tartelettes : garnissez les fonds de pâte de ganache sur 1 cm de hauteur, laissez prendre 20 min au frais. Ajoutez alors la gelée (gardez-en un peu que vous découperez en dés pour le décor) sur 5 mm et remettez au frais au moins 20 min.

Dès que la gelée est figée, disposez les demi-sphères de parfait démoulées sur les tartelettes. Décorez-les avec des dés de gelée et des parcelles de feuilles d'or si vous souhaitez ajouter une touche bluff.

Bûche roulée « Haïti »

PRÉPARATION : 50 MIN - CUISSON : 25 MIN - RÉFRIGÉRATION : 8 H

POUR 8 PERSONNES

Pour le biscuit : **4 œufs • 100 g de farine • 100 g de sucre roux • 2 pincées de vanille en poudre • Sucre glace**

Pour la mousse : **150 g de chocolat noir • 200 g de praliné en poudre • 15 cl de crème fraîche épaisse**

Pour le sirop : **2 fruits de la passion • 5 cl de sirop de sucre de canne**

Pour le décor : **2 cuil. à soupe de cacao amer • 2 cuil. à soupe de cassonade**

Le biscuit : Préchauffez le four 210 °C (à th. 7) et tapissez de papier cuisson une plaque à pâtisserie de 30 x 40 cm.

Séparez les blancs d'œufs des jaunes. Dans une jatte, fouettez les jaunes avec le sucre, jusqu'à ce que le mélange blanchisse. Ajoutez ensuite la farine tamisée et la vanille.

Fouettez les blancs en neige ferme et incorporez-les délicatement à la préparation. Versez la pâte sur la plaque, égalisez la surface à la spatule et enfournez pour 10 min.

Mouillez un torchon propre, essorez-le et étalez-le. Retournez dessus le biscuit cuit, décollez délicatement le papier cuisson. Enroulez le biscuit avec le torchon et laissez refroidir au moins 1 h.

Le sirop : Ouvrez les fruits de la passion, prélevez la chair à la cuillère et pressez-la à travers une passoire fine pour recueillir leur jus. Mélangez-le avec le sirop de sucre de canne.

La mousse : Faites fondre le chocolat au bain-marie, à eau frissonnante, remuez pour le lisser, ajoutez le praliné et mélangez bien. Incorporez la crème fraîche et mélangez à nouveau.

Montage et finition : Déroulez le biscuit refroidi, retirez le torchon et posez-le sur un plan de travail poudré de sucre glace. Imbibez le biscuit de sirop parfumé, puis étalez dessus la mousse, à la spatule. Enroulez le biscuit dans la largeur, emballez-le de film étirable, serrez légèrement et laissez reposer 8 h au réfrigérateur.

Au moment de servir, retirez le film et poudrez la bûche de cacao à l'aide d'une passoire puis de cassonade. Garnissez de fruits ou de parcelles de feuille d'or.

Mini-cannelés bordelais
au chocolat

PRÉPARATION : 20 MIN - CUISSON : 7 + 35 MIN

POUR 40 PIÈCES ENVIRON

40 g de chocolat • 33 cl de lait • 170 g de sucre semoule • 35 g beurre • 3 jaunes d'œufs + 2 œufs entiers • 90 g de farine • 2 cuil. à soupe de rhum • 1 gousse de vanille

Préchauffez le four à 200 °C (th. 6-7). Hachez très fin le chocolat avec un couteau. Coupez le beurre en morceaux et tiédissez-le quelques secondes au micro-ondes, à 500 W, sans le faire fondre. Le beurre doit juste être un peu mou. Travaillez-le à la fourchette jusqu'à ce qu'il ait la texture d'une pommade. Dans une petite casserole, faites bouillir le lait à feu doux avec la gousse de vanille fendue en deux et grattée pour en extraire les graines aromatiques. Laissez tiédir.

Mélangez le beurre pommade avec le sucre semoule, les jaunes d'œufs puis les œufs entiers un à un, la farine tamisée en pluie, le rhum, puis le chocolat et enfin le lait tiédi sans la gousse de vanille. Mixez au batteur.

Huilez les moules à cannelés et garnissez-les avec la pâte, en ne les remplissant qu'aux trois quarts. Disposez-les sur la plaque du four. Enfournez à 200 °C (th. 7) pendant 15 min, puis à 180 °C (th. 6) pendant 15 à 20 min. Le cannelé doit être doré en surface et rester moelleux à l'intérieur. Démoulez les cannelés encore chauds et laissez-les tiédir.

Astuce

il est important de ne pas utiliser de beurre pour graisser les moules.

Cupcakes
au chocolat

PRÉPARATION: 30 MIN - CUISSON: 20 MIN
REPOS: 20 MIN
POUR 6 PERSONNES

1 yaourt nature brassé • 3 œufs • 170 g de farine • 1 sachet de levure chimique • 150 g de sucre de canne roux • 150 g de beurre fondu • 3 cuil. à café de cacao en poudre • vermicelles colorés • 18 myrtilles
Pour la crème chantilly: 100 g de chocolat noir • 25 cl de crème liquide très froide

Placez une jatte et les deux fouets de votre batteur au congélateur pendant 10 min. Préchauffez le four à 180 °C (th. 6) après en avoir sorti la plaque.

Mélangez bien au fouet électrique le yaourt, les œufs, le sucre et le beurre fondu. Ajoutez la farine, la levure et enfin le cacao.

Répartissez la pâte dans des moules à muffins en carton ou en silicone et mettez-les sur la plaque du four. Enfournez 15 à 20 min, laissez refroidir.

Pendant ce temps, préparez la chantilly: faites fondre le chocolat cassé en morceaux avec 5 cl de crème dans votre micro-ondes programmé à 500 W et par paliers de 50 secondes. Puis lissez le chocolat à la spatule.

Sortez la jatte et les fouets du congélateur et montez en chantilly le reste de crème bien froid. Ajoutez le chocolat fondu peu à peu en soulevant délicatement la chantilly.

Décorez les cupcakes avec la chantilly au chocolat en utilisant une poche à douille ou une cuillère, puis parsemez de vermicelles colorés et de myrtilles.

Quatre-quarts
au beurre salé et au chocolat

PRÉPARATION : 20 MIN - CUISSON : 30 MIN

POUR 6 PERSONNES

4 œufs de 55 g • 100 g de pépites de chocolat • 200 g de beurre salé ramolli + 20 g • 200 g de sucre en poudre • 200 g de farine (type 55) • ½ sachet de levure chimique

Travaillez le beurre, sorti à l'avance du réfrigérateur, à la fourchette pour obtenir une « pommade ».

Dans un grand saladier, cassez les œufs entiers et fouettez-les en incorporant le sucre, jusqu'à ce que la préparation fasse le ruban. Versez la levure et la farine tamisées en pluie toujours en fouettant, puis le beurre en pommade et enfin les pépites de chocolat.

Beurrez un moule à cake ou un moule à manqué de 22 cm de diamètre et versez-y la pâte qui ne doit le remplir qu'aux deux tiers. Mettez au four, sans le préchauffer, allumé à 190 °C (th. 6-7). Laissez cuire 30 min puis vérifiez la cuisson au couteau. Au besoin, poursuivez la cuisson quelques minutes.

À la sortie du four, laissez tiédir 10 min puis démoulez et laissez refroidir sur une grille.

Gâteaux au chocolat
et au vinaigre de Xérès

PRÉPARATION : 15 MIN - CUISSON : 8 MIN

POUR ENVIRON 25 PIÈCES

4 dl de vinaigre de Xérès PX • 175 g de chocolat • 10 g de beurre mou • 110 g de sucre brun • 100 g de sucre en poudre • 1 œuf • 10 g de vanille liquide • 225 g de farine tamisée • ½ sachet de levure chimique • Sel

Mêlez dans un saladier farine, levure, 1 pincée de sel. Malaxez les sucres avec le beurre ; ajoutez la vanille et l'œuf. Préchauffez le four à 150 °C (th. 3-4).

Faites fondre le chocolat au bain-marie, à eau frissonnante. Versez-le dans le beurre sucré, ajoutez le vinaigre. Poudrez peu à peu la farine en remuant sans cesse avec une cuillère en bois.

Versez dans des moules souples à alvéoles rondes de 6 cm de diamètre. Enfournez 8 min.

Astuce

Le vinaigre PX (Pedro Ximénez) tient son nom du cépage dont il est issu. Comme tout vrai vinaigre de Xérès, il doit porter le logo DO (Appellation d'origine), puis les lettres PX. Doux mais très parfumé, il n'acidule pas le gâteau mais l'enrichit d'arômes de figue et de fruits secs.

Le cake du mercredi, interprété par l'École du Grand Chocolat

PRÉPARATION : 15 MIN - CUISSON : 45 MIN

POUR 6 PERSONNES

3 œufs • 50 g de miel • 80 g de sucre semoule • 50 g de poudre d'amande • 80 g de crème fraîche • 80 g de farine • 5 g de levure chimique • 15 g de cacao en poudre Valrhona • 50 g de beurre fondu • 15 g de rhum • 30 g de chocolat Valrhona Le Noir 61 % fondu

Mélangez les œufs, le miel et le sucre semoule. Ajoutez la poudre d'amandes, la farine tamisée avec la poudre de cacao et la levure chimique.

Faites fondre le beurre dans une petite casserole, ajoutez-le à la préparation, puis versez la crème fraîche.

Ajoutez le rhum et terminez par le chocolat que vous aurez, au préalable, fait fondre au bain-marie ou au micro-ondes (à 500 W, par paliers de 50 secondes).

Chemisez un moule à cake avec du papier cuisson. Versez-y la pâte et enfournez à 160 °C (th. 5) pendant 45 min environ.

L'idée de Sébastien Curtalin, le chef de l'École du Grand Chocolat

Servez ce délicieux cake avec un chocolat chaud surmonté d'une rosace de chantilly.

Cake au chocolat
et aux bananes rôties

PRÉPARATION : 10 MIN - CUISSON : 45 MIN

POUR 6-8 PERSONNES

100 g de chocolat noir • 3 bananes mûres • 150 g de beurre mou + 1 noix pour le moule • 180 g de sucre + 2 cuil. à soupe • 3 œufs • 30 cl de lait fermenté (ou lait ribot) • 2 cuil. à café de bicarbonate • 300 g de farine • 50 g d'amandes en poudre • 1 cuil. à soupe de cacao • Sel

Râpez le chocolat. Pelez les bananes, coupez-les en rondelles et faites-les revenir dans une poêle avec 20 g de beurre, saupoudrez-les de 2 cuillerées de sucre. Faites-les caraméliser, puis laissez-les refroidir.

Préchauffez le four à 180 °C (th. 6). Mixez le reste de beurre et le sucre dans le bol d'un robot ou avec un batteur, ajoutez les œufs, le lait fermenté, le bicarbonate, 1 pincée de sel, la farine, la poudre d'amandes et le cacao. Ajoutez à cette pâte les bananes en rondelles ou écrasées à la fourchette, mélangez. Mettez le chocolat râpé, mélangez et versez la préparation dans un moule à cake beurré.

Enfournez environ 45 min. Pour vérifier la cuisson, plantez la lame d'un couteau au centre, elle doit ressortir presque sèche. Laissez tiédir le cake et servez-le avec une crème anglaise.

Coulant
au chocolat

PRÉPARATION: 20 MIN - CUISSON: 15 MIN

POUR 8 PERSONNES

120 g chocolat Le Noir 61% • 130 g de beurre • 2 œufs entiers • 100 g de sucre semoule • 70 g de farine • 8 truffes ou bonbons de chocolat à la ganache

Faites fondre le chocolat râpé ou en fèves avec le beurre au micro-ondes par paliers de 50 secondes ou au bain-marie, à feu doux. En ce cas, mettez chocolat et beurre dans une jatte posée dans une casserole à demi remplie d'eau. Quand le chocolat est fondu, remuez pour que le mélange soit lisse.

Faites mousser les œufs entiers avec le sucre quelques minutes (attention à ne pas trop monter les œufs).

Incorporez le chocolat et le beurre dans les œufs mousseux, puis ajoutez la farine tamisée en pluie, en remuant jusqu'à obtenir une préparation homogène.

Chemisez de papier cuisson des moules de 5 cm de diamètre et 4,5 cm de haut (cercles à pâtisserie). Remplissez les moules à moitié de pâte, placez une truffe ou un bonbon de chocolat et recouvrez de pâte.

Faires cuire dans un four à chaleur tournante à 190°C (th. 6) pendant 15 min.

L'idée gourmande de Sébastien Curtalin, le chef de l'École du Grand Chocolat

Servez avec une touche de crème fouettée.

Les Madeleinettes
de Jean-Paul Hévin

PRÉPARATION: 20 MIN - CUISSON: 10 MIN + 20 MIN - REPOS: 2 H

POUR 80 MADELEINETTES

250 g de beurre • 110 g de farine • 250 g de sucre glace • 100 g de poudre d'amandes • 250 g de blancs d'œufs (env. 8 blancs) • 25 g de miel tiédi • 100 g de chocolat Puertofino 75% • 3 zestes d'orange • 1 zeste de citron

Hachez le chocolat au couteau. Prélevez le zeste sur les agrumes avec un zesteur ou un économe en prenant soin de ne pas râcler la peau blanche. Faites fondre le beurre doucement jusqu'à obtenir une couleur brune (noisette). Arrêtez la cuisson en plongeant la casserole dans un fond d'eau froide. Laissez reposer.

Disposez dans un saladier la farine, le sucre glace et la poudre d'amandes. Ajoutez les blancs légèrement fouettés. Mélangez au fouet.

Ajoutez le miel tiédi, le chocolat haché et les zestes d'orange et de citron. Versez le beurre fondu légèrement chaud. Laissez reposer 2 h au réfrigérateur.

Préchauffez le four à 170°C (th. 6). Beurrez les moules à mini-madeleines. Remplissez chaque moule à l'aide d'une poche à douille n°6.

Enfournez pendant environ 20 min. Laissez refroidir. Conservez vos madeleinettes dans une boîte métallique.

Cake au chocolat
et au gingembre

PRÉPARATION : 30 MIN - CUISSON : 50 MIN
POUR 4 PERSONNES

50 g de gingembre confit • 220 g de farine • 200 g de sucre • 70 g de beurre • 4 cuil. à soupe de crème épaisse • 4 œufs • 40 g de cacao en poudre non sucré • 40 g de chocolat noir • 2 cuil. à café de levure chimique • 3 cuil. à café de gingembre en poudre • 2 pincées de sel

Préchauffez le four à 180 °C (th. 6).
Coupez le gingembre confit en tout petits dés. Cassez les œufs dans une grande jatte, ajoutez le sucre et fouettez jusqu'à ce que le mélange blanchisse.

Préparez une ganache : mettez les carrés de chocolat avec le beurre dans un bol. Faites fondre au micro-ondes à 500 w, par paliers de 50 secondes. Quand le chocolat est fondu, ajoutez la crème fraîche tiédie et le sel, mélangez à la spatule pour obtenir une ganache lisse.

Incorporez la ganache au mélange œufs-sucre.

Tamisez au-dessus d'un saladier la farine avec la levure, le cacao et le gingembre en poudre afin d'obtenir un mélange homogène. Incorporez farine et poudres peu à peu au mélange chocolaté. Ajoutez les dés de gingembre confit.

Versez la pâte dans un moule à cake antiadhésif de 26 cm de long. Enfournez pour 45 min. Vérifiez la cuisson en plantant la lame d'un couteau au milieu du cake, elle doit ressortir à peine humide. Sinon, remettez au four 5 à 10 min.

Démoulez le cake encore chaud. Laissez refroidir sur une grille. Servez avec une crème anglaise.

Cake au chocolat
au micro-ondes

PRÉPARATION ET CUISSON: 20 MIN

POUR 8 PERSONNES

150 g de chocolat noir • 3 œufs • 125 g de sucre de canne brun • 125 g de beurre • 50 g de farine • 2 cuil. à soupe de rhum banc • 2 cuil. à soupe de noix de coco râpée

Cassez le chocolat en morceaux et coupez le beurre en dés. Faites-les fondre ensemble dans une jatte au micro-ondes, à 500 W, par paliers de 50 secondes.

Dans un saladier, fouettez vigoureusement les œufs avec le sucre, puis incorporez, toujours en fouettant, la farine, le rhum et le mélange au chocolat pour obtenir une préparation homogène.

Versez la préparation dans un moule à cake en silicone et faites cuire au micro-ondes 3 min à 750 W. Laissez ensuite reposer le gâteau 3 min et enfournez à nouveau pour 3 min.

Laissez refroidir le cake 10 min avant de le démouler. Parsemez de noix de coco râpée et servez tiède ou froid.

Astuce

utilisez un moule en silicone qui ne nécessite pas de support métallique.
À défaut, réalisez le cake dans un moule en verre, résistant à la chaleur, beurré.

Brownies

PRÉPARATION : 10 MIN - CUISSON : 20 MIN

POUR 8 PERSONNES

3 œufs entiers • 115 g de sucre • 115 g de cassonade • 170 g de beurre • 90 g de chocolat Le Noir 61 % • 40 g de farine • 10 g de poudre de cacao Valrhona • Noix de Grenoble • Noix de pécan • Noix de macadamia

Préchauffez le four à 160 °C (th. 6-7). Mélangez les œufs avec le sucre et la cassonade. Hachez le chocolat.

Faites fondre le beurre et le chocolat au bain-marie, à feu doux dans une jatte, elle-même placée dans une casserole d'eau. Incorporez au premier mélange. Ajoutez la farine et la poudre de cacao tamisées. Mélangez avec soin.

Coulez la pâte dans des moules à brownies, parsemez de noix et enfournez à 160 °C (th. 6-7) une vingtaine de minutes. Servez froid.

L'idée de Sébastien Curtalin, le chef de l'École du Grand Chocolat

ajoutez une boule de glace à la vanille, une sauce caramel au beurre salé et un nuage de chantilly pour un après-midi pluvieux passé au fond du canapé.

Truffes
au café

PRÉPARATION : 30 MIN - RÉFRIGÉRATION : 12 H - CUISSON : 5 MIN

POUR 30 À 40 TRUFFES

250 g de chocolat noir • 20 cl de crème épaisse • 100 g de beurre mou • Cacao en poudre non sucré

Faites bouillir la crème dans une casserole. Hors du feu, ajoutez le chocolat noir haché et le beurre mou, remuez, laissez refroidir, mettez au frais 12 h au moins.

À l'aide d'une petite cuillère, prélevez des boules de chocolat et roulez-les dans du cacao en poudre non sucré. Vous pouvez rouler les truffes dans des amandes grillées concassées, des pistaches hachées, du chocolat noir ou blanc finement râpé. Vous pouvez aussi ajouter 2 cuillerées à soupe de whisky en même temps que le beurre.

Truffes
choco-passion

PRÉPARATION : 45 MIN - CUISSON : 5 MIN - RÉFRIGÉRATION : 3 H

POUR 6 PERSONNES

10 fruits de la passion • 350 g de chocolat au lait • 10 cuil. à soupe de miel d'acacia • 50 g de beurre extra-fin • 50 g de cacao en poudre

Coupez horizontalement les fruits de la passion en deux. Avec une cuillère, prélevez leur jus et leur pulpe et faites-les tomber dans une passoire fine posée sur une casserole. Écrasez ensuite le contenu de la passoire avec une cuillère en bois pour recueillir le maximum de jus. Ajoutez le miel dans la casserole et portez doucement à ébullition en remuant.

Dans le même temps, cassez le chocolat en carrés dans une jatte. Versez le mélange miel et fruits chaud sur le chocolat et laissez-le fondre. Fouettez délicatement (au fouet à main) pour obtenir une pâte lisse, onctueuse et bien brillante. Coupez le beurre en morceaux et ajoutez-le à la préparation. Laissez-le fondre puis incorporez-le sans trop travailler la pâte. Laissez refroidir cette ganache, puis couvrez de film étirable et mettez-la au moins 3 h au frais.

Tamisez le cacao au-dessus d'une assiette creuse. À l'aide d'une petite cuillère, prélevez un peu de ganache et roulez-la rapidement entre vos paumes pour lui donner une jolie forme ronde, puis passez-la dans le cacao. Disposez les truffes sur un plat, couvrez de film étirable et réservez-les au frais. Servez froid, dès la sortie du réfrigérateur.

Pâte à tartiner
de l'École du Grand Chocolat

PRÉPARATION : 25 MIN - CUISSON : 10 MIN
REPOS : 2 H

POUR 4 PERSONNES

100 g de noisettes entières • 75 g de chocolat Caramelia 36 % • 75 g de chocolat Le Noir 61 % • 200 g de lait concentré non sucré entier • 1 cuil. à soupe de miel

Enfournez une dizaine de minutes les noisettes entières à 150 °C (th. 5). Laissez refroidir quelques minutes puis enlevez la peau. Mettez-les dans la cuve du robot mixeur et broyez jusqu'à obtention d'une pâte liquide. Ajoutez directement dans le mixeur les chocolats préalablement hachés ou fondus.

Faites bouillir le lait concentré et le miel puis versez un tiers de celui-ci dans le bol du robot. Mixez en ajoutant petit à petit le mélange lait-miel

Conservez au réfrigérateur 2 h avant de déguster.

L'idée de Sébastien Curtalin, le chef de l'École du Grand Chocolat

N'hésitez pas à ajouter dans la préparation des morceaux de noisettes caramélisées légèrement concassées pour donner une touche croquante !

La Ganache de la Forêt d'émeraude par Patrick Roger

PRÉPARATION : 10 MIN - CUISSON : 5 MIN

POUR 6 PERSONNES

15 cl de crème liquide • 20 g de miel (1 cuil. à soupe) • 150 g de chocolat Pérou 68% • 20 g de beurre (à température ambiante)

Faites bouillir la crème avec le miel, réservez 5 min.

Hachez le chocolat finement.

Mélangez le chocolat et la crème avec un fouet. La préparation doit être souple et avoir l'apparence d'une pommade. Une fois l'émulsion faite, incorporez le beurre à température. Lissez au mixeur ou au fouet (à main ou électrique). Cette exquise ganache peut être utilisée pour fourrer un macaron, un cupcake ou des tartelettes.

CONSEIL PRATIQUE *: pour garnir de ganache une tarte de 30 cm, comptez 250 g de chocolat, 25 cl de crème liquide, 33 g de miel, 33 g de beurre.*

Cookies

PRÉPARATION : 10 MIN - CUISSON : 15 MIN

POUR 20 COOKIES ENVIRON

150 g de chocolat noir • 180 g de farine • 125 g de beurre mou • 80 g de sucre blanc + 60 g de sucre roux • 1 gros œuf • 1 cuil. à café de vanille en poudre ou de cannelle • 1 cuil. à café de bicarbonate de soude • 2 pincées de sel

Râpez le chocolat. Préchauffez le four à 160 °C (th. 5-6).

Mélangez au batteur le beurre et les sucres jusqu'à ce que le mélange blanchisse. Ajoutez l'œuf, la farine, le bicarbonate, le sel, la vanille (ou la cannelle), mélangez, puis versez le chocolat râpé en remuant.

Sur la plaque du four tapissée de papier cuisson, déposez des cuillerées à soupe de pâte en les espaçant et enfournez 12 à 15 min.

Rose des sables

PRÉPARATION : 10 MIN - CUISSON : 5 MIN - RÉFRIGÉRATION : 1 H 30

POUR 6 PERSONNES

100 g de chocolat noir • 75 g de corn flakes • 100 g de riz soufflé nature • 50 g de beurre • 40 g de sucre glace

Hachez grossièrement le chocolat au couteau et détaillez le beurre en dés. Faites-les fondre ensemble dans un saladier posé sur un bain-marie frémissant. Lissez la préparation à la spatule, incorporez le sucre glace en mélangeant longuement. Versez ensuite les corn flakes et le riz soufflé. Mélangez délicatement à l'aide d'une spatule.

Posez une feuille de papier sulfurisé sur un plateau. Répartissez-y des petits tas de la préparation (environ la valeur de 1 cuillerée à soupe). Placez les « roses » au moins 1 h 30 au réfrigérateur avant de les servir bien fraîches.

Astuce

C'est bon avec une salade d'oranges parfumée à la cannelle.

Fondue de kiwi
au chocolat

PRÉPARATION : 15 MIN - CUISSON : 5 MIN

POUR 4 PERSONNES

6 kiwis • 200 g de chocolat noir • 10 cl de crème liquide • 2 cuil. à soupe de pistaches décortiquées non salées

Faites griller à sec quelques minutes les pistaches dans une poêle antiadhésive. Laissez-les refroidir sur du papier absorbant puis frottez-les entre vos mains pour retirer la peau. Concassez-les grossièrement (avec un petit robot à herbes ou un mortier).

Pelez les kiwis et coupez-les en rondelles. Répartissez-les dans 4 assiettes à dessert et disposez dans chacune d'elles un petit tas de pistaches concassées.

Cassez le chocolat en morceaux. Versez la crème liquide dans une casserole, portez à ébullition et retirez aussitôt du feu. Ajoutez le chocolat et mélangez avec une cuillère en bois. Quand le chocolat est fondu, remettez 1 min sur feu très doux en remuant pour bien lisser.

Versez le chocolat dans 4 coupelles et déposez-les sur les assiettes à dessert. Servez aussitôt. Chaque convive trempera ses rondelles de kiwi dans le chocolat puis dans les pistaches.

Conseil

Attention de ne pas trop chauffer la crème liquide et le chocolat, il deviendrait pâteux.

Carrés fondants
choco-coco

PRÉPARATION ET CUISSON: 30 MIN

POUR ENVIRON 15 CARRÉS

170 g de chocolat noir amer • 50 g de beurre à température ambiante • 50 g de sucre glace • 100 g de lait concentré sucré • 110 g de noix de coco râpée • 1 cuil. à café d'huile

Huilez un plat rectangulaire d'environ 15 x 20 cm. Cassez le chocolat en petits morceaux dans une jatte. Faites-le fondre à feu doux au bain-marie en posant la jatte dans une casserole d'eau juste frémissante. Quand le chocolat est fondu, remuez pour que le mélange soit lisse. Versez-le dans le plat et mettez-le au réfrigérateur pour qu'il durcisse.

Pendant ce temps, réunissez dans une jatte le sucre glace, le lait concentré, le beurre mou et la noix de coco. Fouettez (au batteur électrique de préférence) pour obtenir une pâte lisse et homogène. Dès que le chocolat a durci dans le plat, versez dessus le mélange à la noix de coco, lissez à la spatule et faites à nouveau durcir au réfrigérateur.

Pour servir, démoulez: le côté noix de coco doit être au-dessus. Détaillez en carrés à l'aide d'un couteau. Servez frais.

Bonbons de framboise
au chocolat

PRÉPARATION : 15 MIN - CUISSON : 5 MIN

POUR 8 BONBONS

1 petite barquette de framboises • 2 feuilles de filo bien fraîches • 50 g de chocolat noir • 20 g de beurre fondu • sucre ou sucre glace

Coupez les feuilles de filo en 4 parties égales. Badigeonnez-les avec le beurre fondu. Sur chaque morceau, groupez au milieu d'un petit côté 4 framboises et 1 morceau de chocolat. Enroulez, enfermez en pinçant la filo de part et d'autre des fruits pour donner la forme d'un bonbon enveloppé dans son papier.

Posez les bonbons sur une plaque antiadhésive, poudrez-les de sucre glace, puis cuisez-les 5 min environ au four préchauffé à 180°C (th. 6) : les bonbons doivent être dorés et croustillants. Laissez-les reposer 5 min. Croquez chaud.

Variante

Préparez le même délice avec des fraises des bois. En ce cas, prenez plutôt un chocolat aux notes de fruits rouges ou un chocolat neutre.

Sucettes caramel,
noix et chocolat

PRÉPARATION : 20 MIN - CUISSON : 20 MIN
REPOS : 12 H

POUR 50 SUCETTES

250 g de sucre semoule • 250 g de crème liquide entière • 1 gousse de vanille • 80 g de chocolat noir Caraïbes 66 % • 80 g de chocolat Jivara Lacté • 10 g de beurre • 50 g de noix hachées

Hachez les chocolats. Faites-les fondre ensemble au bain-marie. Réservez.

Chauffez la crème en y infusant la vanille, fendue en deux.

Préchauffez la casserole à feu moyen, puis ajoutez un tiers du sucre, remuez jusqu'à l'obtention d'un caramel, incorporez le deuxième tiers de sucre et procédez comme précédemment. Enfin incorporez le troisième tiers de sucre.

Versez la crème vanillée chaude sur le caramel petit à petit (gare aux éclaboussures !). Laissez bouillir le tout jusqu'à 115°C (environ 5/7 min) et versez sur les chocolats fondus, ajoutez le beurre et mélangez énergiquement jusqu'à l'obtention d'une texture brillante.

Incorporez les noix et coulez immédiatement dans un plat à gratin huilé (ou dans des moules siliconés) laissez durcir 12 h avant de découper et de piquer sur des bâtons à sucettes

L'idée de Sébastien Curtalin, le chef de l'École du Grand Chocolat

Pour varier les parfums, remplacez les noix par des grains de café concassés et ajoutez un zeste d'orange, de la vanille et une pincée d'anis ou de cardamome en poudre.

Caramels au chocolat
et beurre salé

PRÉPARATION : 15 MIN - CUISSON : 10 MIN - RÉFRIGÉRATION : 45 MIN

POUR ENVIRON 40 CARAMELS

40 g de chocolat noir • 6 cl de crème liquide • 150 g de glucose en poudre (en pharmacie) • 160 g de sucre en poudre • 20 g de beurre demi-sel • 1 cuil. à café d'huile

Hachez le chocolat au couteau. Faites bouillir la crème liquide dans une petite casserole.

Faites fondre le glucose dans une autre casserole avec 15 cl d'eau, ajoutez le sucre et laissez caraméliser pour obtenir une jolie couleur ambrée. Hors du feu, ajoutez le beurre en petits dés, mélangez avec une cuillère en bois, ajoutez ensuite la crème chaude, mélangez bien et remettez sur feu doux quelques minutes. Hors du feu, incorporez le chocolat.

Huilez un petit plat carré, tapissez-le de papier sulfurisé et versez la préparation dedans. Laissez refroidir, puis placez au frais 45 min.

Découpez les caramels avec un couteau huilé (taille et forme selon vos goûts), emballez-les dans du papier cellophane.

Bar rôti aux bananes et noisettes, sauce caramel de Xérès et cacao

PRÉPARATION : 20 MIN - CUISSON : 20 MIN

POUR 4 PERSONNES

4 pavés de filet de bar avec peau (environ 150 g pièce) • 3 bananes pas trop mûres • 50 g de noisettes décortiquées sans la peau • 12 cuil. à soupe de vinaigre de Xérès • 1 cuil. à soupe de vinaigre balsamique • 3 carrés (15 g) de chocolat noir • 2 cuil. à soupe de sucre • 2 cuil. à soupe d'huile de noisette • 2 cuil. à soupe d'huile d'olive • 5 branchettes de romarin • sel • poivre

Dans une petite casserole, faites réduire à feu vif 10 cuillerées à soupe de vinaigre de Xérès avec le sucre, pour qu'il reste un quart du liquide (environ 5 min). Ajoutez alors le chocolat, mélangez pour obtenir une sauce homogène, réservez-la hors du feu. Faites un peu torréfier les noisettes à sec dans une poêle, puis laissez refroidir et coupez-les en deux. Épluchez les bananes, coupez-les en 4 dans la longueur, puis recoupez-les en tronçons de 2 cm.

Faites chauffer l'huile d'olive dans une poêle antiadhésive, avec 1 branchette de romarin. Assaisonnez de sel et poivre les pavés de bar, posez-les côté peau dans la poêle, faites cuire 5 min à feu moyen, retournez délicatement, laissez cuire pendant encore 2 min.

Dans le même temps, mettez les tronçons de bananes dans une casserole avec le reste de vinaigre de Xérès et le balsamique. Poivrez, faites chauffer rapidement en secouant, pour que le vinaigre s'évapore, les bananes doivent être chaudes mais encore crues.

Répartissez la sauce chocolat dans 4 assiettes de service, ajoutez un trait d'huile de noisette, parsemez de noisettes, répartissez les bananes et posez un pavé de bar dans chaque assiette. Décorez avec une branchette de romarin, servez aussitôt.

Le conseil du chef

Décorez ce plat de tuiles au cacao : dans une jatte, fouettez à la main 60 g de sucre glace avec 3 blancs d'œufs, 60 g de beurre mou, 20 g de cacao en poudre et 40 g de farine, pour obtenir une préparation homogène. Versez-la sur une plaque à four tapissée d'une feuille de cuisson (ou de papier sulfurisé) sur une épaisseur de 1 mm. Enfournez (four préchauffé à 180 °C, th. 6) pour 6 min. Laissez refroidir, cassez en morceaux avec les doigts.

Noisettes
de chevreuil, sauce chocolat

PRÉPARATION : 30 MIN - CUISSON : 2 H 20

POUR 6 PERSONNES

6 noisettes de chevreuil de 3 cm d'épaisseur (dans le filet) • 3 échalotes • 1 carotte • 6 carrés de chocolat noir • 75 cl de vin rouge corsé (type madiran) • 15 cl de vinaigre • 3 cuil. à soupe de fond de veau en poudre • 10 cl d'huile d'olive • 50 g de beurre • 1 bouquet garni • Sel • Poivre fin • Poivre concassé

Préparez la sauce : épluchez et hachez les échalotes. Pelez la carotte, coupez-la en dés. Faites chauffer 2 cuillerées à soupe d'huile dans une cocotte, mettez-y les légumes à dorer 5 min. en mélangeant. Ajoutez 1 cuillerée à café de poivre concassé. Versez le vinaigre, laissez évaporer à feu vif. Ajoutez ensuite le bouquet garni et le vin rouge. Laissez frémir environ 1 h pour que le vin réduise des deux tiers.

Versez alors le fond de veau dilué dans 50 cl d'eau chaude. Laissez frémir environ 1 h en écumant régulièrement, il ne doit rester qu'un tiers de sauce.

Au dernier moment, faites chauffer le reste d'huile et 20 g de beurre dans une grande sauteuse. Faites-y dorer les noisettes de chevreuil 4 min de chaque côté, salez et poivrez, retirez-les et réservez au chaud.

Jetez le gras de cuisson de la sauteuse, versez à la place la sauce en la filtrant, ajoutez les carrés de chocolat et le reste de beurre en parcelles. Mélangez au fouet et retirez du feu. Dressez les noisettes sur un plat de service chaud, nappez-les d'un peu de sauce et mettez le reste en saucière. Accompagnez d'une purée de céleri.

Tartinettes des champs
aux éclats de fèves rôtis

PRÉPARATION : 15 MIN - CUISSON : 5 MIN

POUR 8 PERSONNES (16 TARTINETTES)

16 pincées de grué de cacao (éclats de cacao en chocolaterie ou épicerie spécialisée en gastronomie) • 1 pain de campagne aux céréales • 1 chèvre de campagne frais • 16 cuil. à café de miel brun liquide (bruyère, châtaigne) • 1 petit bouquet de fines herbes fraîches (menthe, thym, basilic)

Rincez les herbes à l'eau fraîche, séchez-les bien avec du papier absorbant. Prélevez les feuilles de menthe et de basilic. Ne gardez que les tiges tendres du thym, sinon prélevez les feuilles. Hachez fin les herbes au ciseau en les mettant dans un verre.

Coupez le pain en tranches assez fines. Recoupez-le en deux et faites-le griller légèrement. Tartinez chaque tranche de chèvre frais.

Dans une poêle antiadhésive, faites revenir le grué de cacao à sec quelques minutes à feu très doux. Remuez souvent, il ne doit surtout pas noircir car il deviendrait amer.

Parsemez les petites tartines de chèvre de fines herbes, faites couler un filet de miel de façon à former un trait central. Égrenez le grué tiède tout le long du trait de miel pour que les éclats de cacao adhèrent au miel. Servez lors d'un apéritif.

Index

Amadeus chocolat et piment d'Espelette 120
Amandines aux griottes 84
Bar rôti aux bananes et noisettes, sauce caramel de Xérès et cacao 186
Bavarois choco-coco 156
Biscuits linzer au praliné 90
Bonbons de framboise au chocolat 182
Brownie vanille et noix de pécan grillées 40
Brownies 172
Bûche aux cacahuètes 36
Bûche roulée « Haïti » 160
Cake au chocolat au micro-ondes 171
Cake au chocolat et au gingembre 170
Cake au chocolat et aux bananes rôties 167
Cake du mercredi, interprété par l'École du Grand Chocolat 166
Cake Sacher 44
Caramels au chocolat et beurre salé 184
Carrés fondants choco-coco 181
Charlotte au chocolat 138
Charlottes aux fraises 76
Cheesecake marbré 30
Chocolat fondant aux fraises 140
Cinnamon rolls aux amandes 46
Clafoutis aux poires 22
Clafoutis de prunes rouges au chocolat 125
Clafoutis à la poire et au chocolat 124
Cookies 178
Cookies aux deux chocolats 100
Coulant au chocolat 168
Crème au beurre 17
Crème d'amande 17
Crème moelleuse choco-café 112
Crème pâtissière 16
Crèmes cuites au chocolat et aux amandes 113
Croustillants pralinés 62
Crumble canadien au chocolat 127
Crumbles de poires aux amandes 92
Cupcakes au chocolat 163
Cupcakes aux noisettes & au gingembre confit 66
Diamants chocolat 152
Éclairs 88
Financiers aux noix 58
Flan pâtissier 48
Fondant au chocolat 135
Fondant intense 24
Fondue de kiwi au chocolat 180
Forêt noire 154
Ganache 16
Ganache de la Forêt d'émeraude par Patrick Roger 177
Gâteau au chocolat à l'italienne 134
Gâteau au chocolat épicé 148
Gâteau au chocolat et aux fruits secs 136
Gâteau choco-marron 142
Gâteau chocolat et caramel au beurre salé 143
Gâteau moelleux aux noisettes 137

Gâteaux au chocolat et au vinaigre de Xérès ...165
Glaçage de base ...20
Glaçage miroir ...21
Îles flottantes au chocolat ...116
Kouign-amann ...34
Macarons à la fleur de sel ...82
Macarons au chocolat ...150
Madeleines ...74
Madeleinettes de Jean-Paul Hévin ...169
Marbré vanille ...50
Meringues ...18
Merveilleux coco-vanille ...70
Mi-cuits ...72
Millefeuille ...38
Mini-cannelés bordelais au chocolat ...162
Moelleux choco-framboise ...141
Moka ...52
Mousse au chocolat blanc et aux framboises ...119
Mousse au chocolat noir ...114
Mousse au chocolat onctueuse au gingembre confit ...115
Mousse à la fleur d'oranger et au chocolat blanc ...118
Mousse stracciatella ...42
Mousses au mascarpone, au chocolat, au caramel et au café ...122
Mousses caramel au beurre salé ...68
Muffins aux marrons et noisettes ...96
Noisettes de chevreuil, sauce chocolat ...188
Opéra revisité ...146
Pain d'épice ...56
Pâte à choux ...18
Pâte à tartiner ...28
Pâte à tartiner de l'École du Grand Chocolat ...176
Pâte feuilletée ...19
Pâte sucrée ...19
Petites Forêts noires ...80
Petits pots de crème à la menthe fraîche ...98
Petits pots de crème au chocolat et au safran ...123
Quatre-quarts à la banane ...32
Quatre-quarts au beurre salé et au chocolat ...164
Riz au lait crémeux aux agrumes et aux pistaches ...86
Rochers pralinés ...94
Rose des sables ...179
Sablés intenses ...64
Spéculoos ...78
Sucettes caramel, noix et chocolat ...183
Tarte choco-bananes ...130
Tarte coco grillée et double chocolat ...54
Tarte pascale au chocolat ...126
Tartelette chocolat façon mendiants ...128
Tartelettes au chocolat ...132
Tartelettes au chocolat et aux épices douces ...158
Tartinettes des champs aux éclats de fèves rôtis ...189
Tiramisu ...60
Tourte au cacao et poires marinées ...131
Tranche de brioche perdue choco/framboise/crème fraîche ...144
Tropézienne à la pistache ...26
Truffes au café ...174
Truffes choco-passion ...175

CRÉDITS PHOTOGRAPHIQUES
Stéphane Bahic : p. 23 à 101 ; Christian Adam : p. 145, 148, 157 ; Pierre Cabanes : p. 122 ; CLUIZEL : p. 174 ; Christine Fleurent : p. 139, 142 ; GINKO : p. 168, 176, 183 ; Valéry Guèdes : p. 154, 164 ; Jean-François Mallet : p. 187 ; Alberto Moretto : p. 173 ; Loïc Nicoloso : p. 113, 126, 147, 163, 167, 184 ; Jean-François Rivière : p. 116, 159 ; Amélie Roche : p. 178 ; Laurent Rouvrais : p. 130, 137, 141, 150, 152, 170 ; Pierre-Louis Viel : p. 114, 119, 125, 128, 135, 161, 179, 181, 188 ; Bernard Winkelmann : p. 121).
DR : p. 166, 175, 177, 189.
Shutterstock/©Olena Kaminetska : p. 8 ; © Elena Demyanko : p. 15.

RECETTES
Audrey Doret : p. 22 à 101 ; Marion Bayle : p. 162 ; Adeline Brousse : p. 131, 140, 145, 148, 157, 165, 173, 182 ; Véronique Chapacou : p. 123 ; Solveig Darrigo : p. 124 ; Jean Desarthe : p. 122 ; Jean-Paul Hevin : p. 169 ; Coco Jobard : p. 112, 115, 121 ; Irène Karsenty : p. 114, 116, 135, 141, 154, 159, 161, 164, 188 ; Marie Leteuré : p. 118, 126, 139, 142, 143, 147, 163, 167 ; Catherine Madani : p. 130, 150, 152, 180 ; Pascale Mosnier : p. 119, 125, 128, 132, 134, 171, 178, 179, 180 ; Sabine Paris : p. 184 ; Jean-Luc Rocha : p. 187.
DR : p. 166, 175, 177, 189.

Direction d'édition : Thierry Lamarre
Édition : Marion Pellé
Conception graphique : Either Studio
Mise en page : Nord Compo

Éditions Marie Claire
Publiées par Société d'Information et de Créations – SIC
Une société de Marie Claire Album
10, bd des Frères-Voisin 92792 Issy-les-Moulineaux CEDEX 9 – France
Tél.: 01 41 46 88 88
RCS Nanterre 302 114 509 SARL au capital de 822 000 euros

Certifié PEFC
Ce produit est issu de forêts gérées durablement et de sources contrôlées
PEFC
PEFC/46-31-13
www.pefc-france.org

ISBN : 979-10-323-0546-1
N° Éditeur : 38369
Imprimé par Rotolito, Bucarest (Roumanie)
Dépôt légal : août 2020